네오 NEO
자기 자신을 가장 사랑하는 새침한 고양이 네오는 쇼핑을 좋아하는 패셔니스타!
하지만 도도한 자신감의 근원이 단발머리 '가발'이라는 건 비밀!
공식 연인 프로도와 아옹다옹하는 모습이 사랑스럽다.

프로도 FRODO
잡종견이라는 태생적 콤플렉스를 가진 부잣집 도시 개 프로도.
네오와 공식 커플로 알콩달콩 애정공세를 펼친다.

무지 MUZI
호기심 많고 장난기 가득한 무지의 정체는 사실 토끼 옷을 입은 단무지.
토끼 옷을 벗으면 부끄러움을 많이 탄다.

콘 CON
악어를 닮은 정체불명의 콘은 가장 미스터리한 캐릭터이다.
알고 보면 무지를 키운 능력자이기도 하다.

제이지 JAY-G
땅속나라 고향에 대한 향수병이 있는 비밀 요원 제이지!
선글라스와 뽀글뽀글한 머리가 인상적이며 힙합가수 JAY-Z의 열혈팬이다.
냉철해 보이는 겉모습과 달리 알고 보면 외로움을 많이 타는 여린 감수성의 소유자다.

기타 등장 인물

이프
'만약에 내 마음대로 역사를 바꿀 수 있다면 세계 정복도 가능하겠지?'
히스토리 뱅크에서 퍼즐을 훔쳐 세계 정복을 꿈꾸는 악당.

이프고
시간의 문을 열 수 있는 인공지능 프로그램.
이프와 함께 세계 정복을 꿈꾼다.

카카고
돌아가신 천재 박사가 만든 인공지능 프로그램.
카카오프렌즈의 모험을 돕는다.
시간의 문을 열 수 있는 기능이 있지만 학습형 프로그램이라 아직은 완벽하지 않다.

GOGO 카카오프렌즈 MAPS 더 재미있게 보는 법

❶ 나라에 대한 기본 정보를 확인해.
(시차는 각 나라의 수도를 기준으로 표시했어.)

❷ 나라별 특징을 소개하는 카카오프렌즈의 대화를 읽어.

❸ 지도 속에서 그 나라를 대표하는 지리, 전통, 유적, 음식, 인물 아이콘을 살펴봐.

❹ 지도에서 찾아봐!
  * 여행 중인 카카오프렌즈
  * 전통 의상을 제대로 입은 이프
  * 이프의 앵무새 3마리
  * 이프의 여행 가방, 카메라, 망원경

지도로 만나는
세계의 지리, 전통, 유적, 음식, 인물

GO GO 카카오프렌즈 MAPS

글 정은주 그림 김정한, 프랭크 스튜디오, 성자연

아울북 × KAKAO FRIENDS
© Kakao Corp.

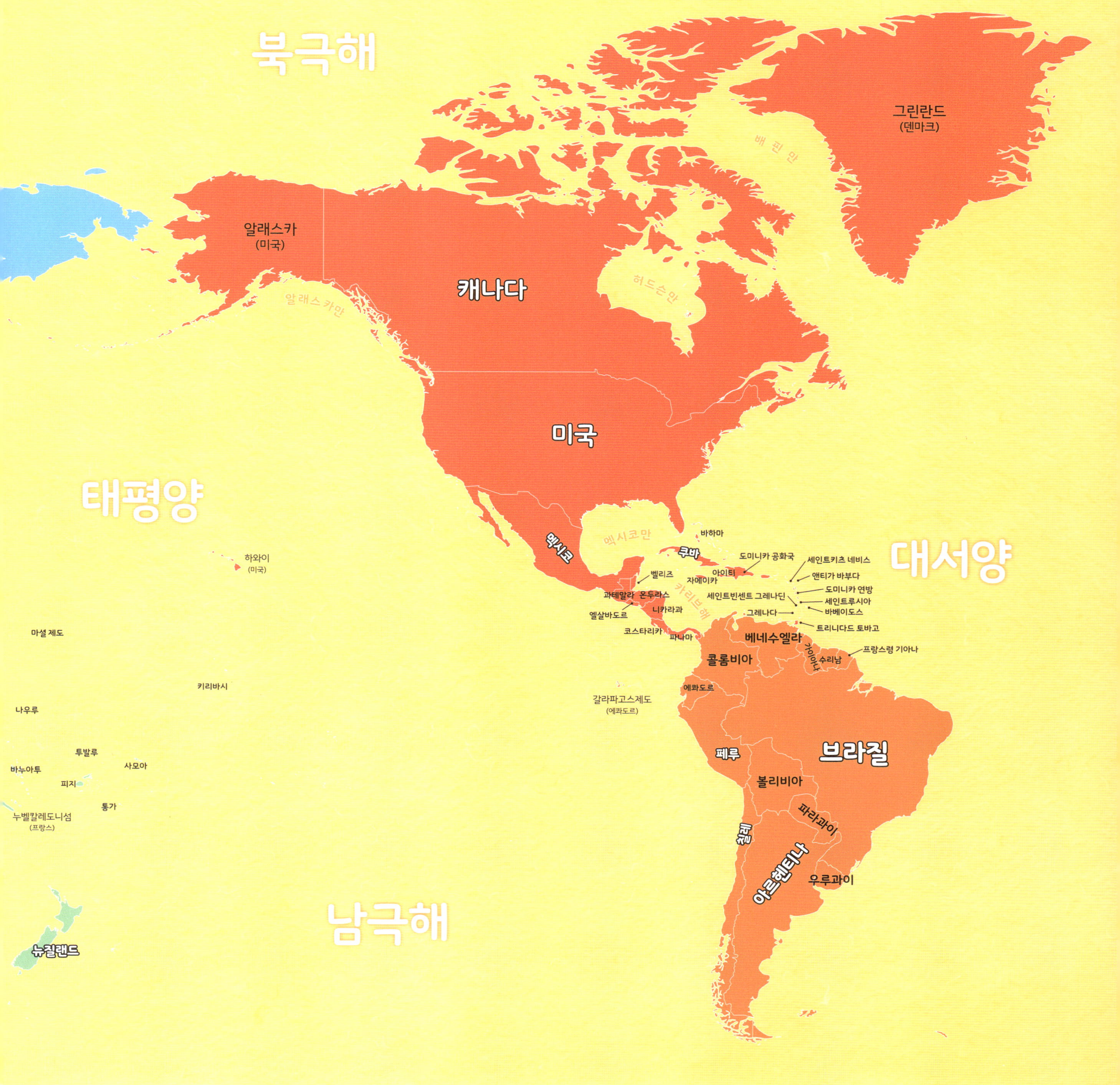
북극해
그린란드
(덴마크)
배핀 만
알래스카
(미국)
캐나다
허드슨 만
알래스카 만
미국
태평양
대서양
멕시코 만
멕시코
바하마
쿠바
도미니카 공화국
세인트키츠 네비스
앤티가 바부다
아이티
자메이카
벨리즈
과테말라
온두라스
카리브 해
도미니카 연방
세인트빈센트 그레나딘
세인트루시아
바베이도스
엘살바도르
니카라과
그레나다
트리니다드 토바고
코스타리카
파나마
베네수엘라
가이아나
수리남
프랑스령 기아나
콜롬비아
에콰도르
갈라파고스제도
(에콰도르)
하와이
(미국)
마셜 제도
키리바시
나우루
투발루
사모아
바누아투
피지
통가
누벨칼레도니섬
(프랑스)
페루
브라질
볼리비아
파라과이
칠레
아르헨티나
우루과이
남극해
뉴질랜드

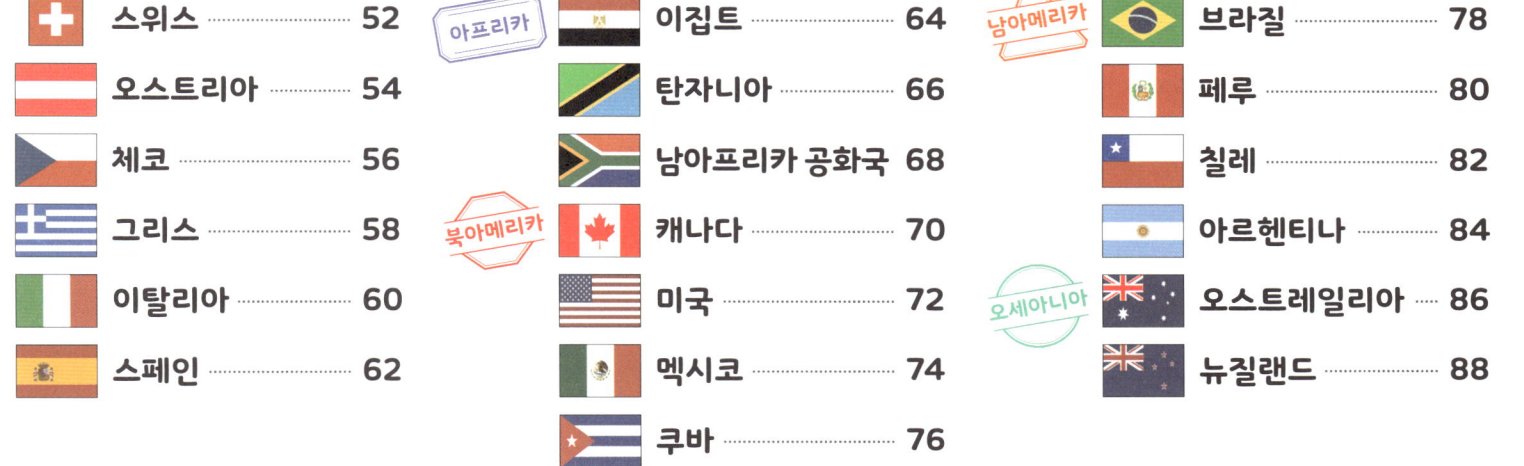

중국

아시아

你好!
[니하오]

- **수도** 베이징
- **언어** 중국어
- **인구** 약 14억 3,378만 명
- **면적** 9,600,010제곱킬로미터
- **시차** 우리나라보다 1시간 늦어.

카카오프렌즈와 중국으로 GOGO!

- 중국은 아시아에서 가장 넓고, 인구로는 세계 1위인 아주 큰 나라야.
- 수도인 베이징에 가면 세계에서 가장 큰 광장과 궁전을 볼 수 있지.
- 역사도 엄청 오래되었어. 황허강은 세계 4대 문명이 생겨난 곳 중 하나!
- 지역마다 사용하는 말이 꽤 달라서 통역이 필요한 경우도 있어.
- "다리 가진 것 중 안 먹는 건 책상뿐!"이란 말이 있을 만큼 다양하고 풍부한 먹을거리가 있지.

📍 지도에서 찾아봐!

✓ 여행 중인 카카오 프렌즈와 아래 전통 의상을 입은 이프, 앵무새, 이프의 물건들을 찾은 다음 빈칸에 V를 그려 봐.

#만리장성에서

항공기

경극 노래와 무술을 더한 중국의 전통 연극

이건 베트남에서 쓰는 모자!

우슈 중국의 전통 무술

도자기

갑골문자 한자의 기원이 된 글자

반도체

불꽃놀이

톈산산맥

투루판 포도 축제 2천 년 넘게 포도를 재배해 온 도시의 축제

타클라마칸사막
신장웨이우얼자치구에 있는 붉은 사막인데 혹독한 더위로 유명해.

실크로드 고대 중국이 서양과 교류하기 위해 개척한 길

티베트모래여우

티베트 참파 보리를 볶아 만든 가루로 티베트 사람들의 주식

티베트고원

포탈라궁 티베트 불교의 중심지이자 달라이라마가 사는 궁전

히말라야산맥

에베레스트산 네팔과 중국에 걸쳐 있는 세계에서 가장 높은 산

홍등

라싸

자전거

소림 무술 허난성 쑹산에 있는 소림사라는 절에서 시작된 무술이야.

청나라 때 만들어진 중국의 전통 의상을 치파오라고 해.

용

금계

공자 유교를 창시한 고대의 사상가

진시황 중국을 최초로 통일한 진나라의 황제

루쉰 중국 현대문학을 대표하는 작가

마오쩌둥 중국 공산주의를 대표하는 정치인

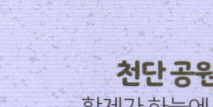

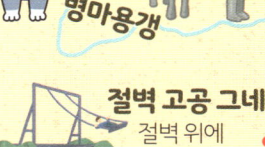

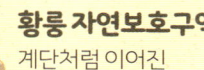

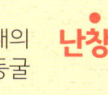

월병 추석에 먹는 중국의 전통 과자

완탕면

동파육 달콤한 간장으로 맛을 낸 돼지고기 찜 요리

마파두부

옥수수

탁구

발해 석등 발해의 수도였던 상경의 절터에서 발견된 높이 6미터의 현무암 석등

잉어를 통째로 튀겨서 새콤달콤한 소스를 부어 먹는 요리야.

칭다오 맥주

딤섬 얇은 피 속에 새우, 게살, 쇠고기 등을 채워 찐 음식

달걀차오판 중국식 달걀 볶음밥

하얼빈 빙설제 오색 등으로 밝힌 얼음 조각상들을 볼 수 있는 축제

하얼빈

경박호 화산 폭발로 생긴 세계 최대 규모의 호수

탕추리위

우롱차

천단 공원 황제가 하늘에 제사를 지내던 곳

천안문 광장 베이징 중심부에 있는 세계에서 가장 큰 광장

지린

선양

중국과 북한에 걸쳐 있는 산으로 우리나라에서는 백두산이라고 불러.

돈황석굴 암벽에 굴을 파서 만든 세계 최대의 석굴 사원

고비사막 중국과 몽골에 걸쳐 있는 1,600킬로미터 너비의 사막

만리장성 세계에서 가장 긴 중국의 성벽

다퉁

★ **베이징**

톈진

황해(서해)

장백산

칭하이호 중국 최대의 소금 호수이자 철새가 머무는 곳

흙으로 만든 병사와 말로 가득한 진시황의 무덤이야.

자금성 세계에서 가장 큰 궁궐

태산

동방명주 세 개의 구슬을 꿴 모양의 탑으로 상하이의 상징

와이탄 19세기에 외국인이 살던 지역

쑤저우 운하 300개 이상의 다리가 있는 옛 중국 강남 지역의 물길

비단

황허강

란저우

병마용갱

시안

절벽 고공 그네 절벽 위에 설치된 최고 20미터 높이의 그네

신양

시디춘 600년이 넘는 역사를 지닌 전통 마을

난징

쑤저우

상하이

상하이 대한민국 임시정부 청사 1919년에 우리나라의 독립운동가들이 세운 임시정부

양쯔강

황룽 자연보호구역 계단처럼 이어진 신비한 연못과 동굴이 있는 곳

차마고도 역사상 가장 오래된 교역로로 윈난성에서 티베트, 인도까지 이어진 길

청두

충칭

훵룽 동굴 중국 최대의 석회암 동굴

우한

항저우

난창

황산

예원 중국을 대표하는 정원

황과수 폭포

양쯔강 유람선

구이양

미드레벨 에스컬레이터 홍콩에 있는 세계에서 가장 긴 에스컬레이터야.

양쯔강돌고래

면화

원숭이

쿤밍

판다

가마우지

시장강

광저우

홍콩

마카오

귀천산갑 몸이 솔방울 같은 두꺼운 비늘로 덮인 동물

춘절 음력 1월 1일에 쇠는 가장 큰 명절로 대문에 거꾸로 '복(福)' 자를 붙이는 풍습이 있어.

무창어

대동해 중국의 대표적인 바닷가 휴양지

드래곤 보트 용머리로 장식한 배를 타고 경주하는 수상 스포츠

이건 남아메리카의 망토인 판초야.

하이난섬

남중국해

몽골

САЙН БАЙНА УУ!
[샌베노]

아시아

- 수도 울란바토르
- 인구 약 323만 명
- 언어 몽골어
- 면적 1,564,120제곱킬로미터
- 시차 우리나라보다 1시간 늦어.

카카오프렌즈와 몽골로 GOGO!

- 몽골은 끝없이 펼쳐진 초원과 사막, 별빛이 아름다운 나라야.
- 13세기에 칭기즈칸이 유목민들을 통일하고 나라의 기틀을 세웠어.
- 지금도 초원에서 가축을 기르며 게르에서 생활하는 사람이 많아.
- 반대로 수도인 울란바토르는 고층 건물과 자동차로 붐비는 대도시지.
- 날씨는 건조하지만 여름은 덥고 겨울은 매우 추워. 가을이 여행하기에 가장 좋아.

📍 지도에서 찾아봐!

✓ 여행 중인 카카오 프렌즈와 아래 전통 의상을 입은 이프, 앵무새, 이프의 물건들을 찾은 다음 빈칸에 V를 그려 봐.

#초원의 게르에서

염소 / 양 / 소 / 말 / 낙타
소, 말, 양, 낙타, 염소는 몽골에서 가장 많이 기르는 가축이야.

독수리 사냥 독수리를 이용하는 카자흐족의 전통 사냥법
요건 영국의 근위병들이 쓰는 털모자

타반보그드산 몽골에서 가장 높은 산

울란곰

나담 축제 매해 여름, 초원에 모여 씨름, 활쏘기, 승마를 즐기는 축제야.

알타이 산맥

울리아스타이

오시깅 으브르 사슴 돌 사슴 무늬가 새겨진 청동기 시대 돌기둥들이 세워져 있어.

알타이

오르츠 인디언의 전통 집과 닮은 차탕족의 집

카라코룸 도시 유적 몽골제국 초기 유적으로, 카라코룸은 하르허링을 영문으로 읽은 이름

쳉헤르 온천 야외에서 별을 볼 수 있는 온천

몽골 씨름

샤타르 장기와 비슷한 몽골의 전통 놀이

홀골 양의 똥을 굳혀서 풀과 함께 태우는 난방용 연료

스텝 짧은 풀이 넓게 펼쳐진 초원 지대

마상 공연 말과 한 몸처럼 움직이며 펼치는 곡예

차강사르 몽골의 음력 설

오보 돌 무더기와 나무 기둥, 푸른 천으로 만드는 몽골식 서낭당이야.

활쏘기

마두금 몽골의 전통악기로 소리가 구슬프면서도 아름다워. 말머리 모양으로 장식이 달려 있어서 마두금이라고 부르지.

샤가이 가축의 복숭아뼈로 하는 몽골의 전통 놀이

참 악마, 동물, 인간 등 다양한 모습의 가면을 쓰고 하는 몽골의 전통 무용극

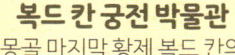
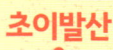
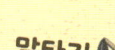

석유

석탄

구리

담딘 수흐바타르 정치가, 혁명가이자 몽골 혁명의 아버지

칭기즈칸 몽골과 중국, 한반도, 중앙아시아와 동유럽에 이르는 대제국을 세운 인물

몽골의 전통 의상을 델이라고 해!

호쇼르 튀긴 만두

허르헉 양고기를 뜨겁게 달군 돌과 함께 솥에 넣고 쪄 내는 음식

아이락 말젖을 발효시켜 만든 술

수테차 양젖을 끓여 만든 차

홉스굴호 '몽골의 진주'로 불리며 중앙아시아에서 가장 깊은 호수

몽골에서 가장 큰 티베트 불교 사원으로 높이가 26미터인 커다란 불상이 있어.

자전거 여행

버르척 튀긴 과자

보즈 양고기를 넣은 찐만두

므릉

에르데네트

오르콘강

간단 사원

자이승 기념탑 제2차 세계대전 참전과 승리를 기념하는 탑

게르 중앙에 난로를 놓고 생활하는 몽골 유목민들의 전통 집

탈흐 몽골의 빵

복드 칸 궁전 박물관 몽골 마지막 황제 복드 칸의 궁전에 세워진 박물관

울란 촛갈란 폭포 유네스코 세계 문화유산인 오르콘 계곡의 폭포

★ **울란바토르**

하르허링

초이발산

말타기

바이안몬도르

에르덴조 사원 16세기에 세워진 몽골 최초의 티베트 불교 사원

만달고비

서울의 거리

바룬우르트

쇠재두루미

불타는 절벽 몽골에서 처음으로 공룡 알이 발견된 곳

공룡 화석 고비사막에서 계속 발견됨.

사인샨드

몽골 횡단 철도 중국의 단둥과 베이징, 몽골의 울란바토르를 거쳐 러시아의 울란우데에 이르는 철도

보리

감자

이건 고대 이집트 사람들이 쓰던 가발!

홍고린 엘스 고비사막에 있는 커다란 모래언덕

달란자드가드

고비사막

마눌들고양이 혼자 생활하는 야행성 고양잇과 포유류

들꿩

몽골가젤

코사크여우

쥐토끼 건조하고 바위가 많은 곳을 좋아하는 토끼목 포유류

검독수리

고비곰 고비사막에만 사는 곰

차탕족과 순록 순록은 소수민족인 차탕족에게 고기, 가죽, 약으로 쓰이는 생존 수단

타히 몽골의 야생마

다섯발가락날쥐 귀가 커서 토끼처럼 보이는 쥐

강꼬치고기

송어

매

인도네시아

Apa Kabar!
[아파 카바르]

아시아

- 수도 자카르타
- 언어 인도네시아어
- 인구 약 2억 7,063만 명
- 면적 1,913,580제곱킬로미터
- 시차 우리나라보다 2시간 늦어.

카카오프렌즈와 인도네시아로 GOGO!

- 인도네시아는 세계에서 가장 넓은 섬나라야! 약 1만 7천 개의 섬들로 이루어져 있지.
- 곳곳에 화산과 울창한 숲, 푸른 바다와 해변이 펼쳐져 있어.
- 지금은 이슬람교를 주로 믿지만, 중세 때 세워진 불교, 힌두교의 주요 유적이 많아.
- 300여 개 종족으로 구성된 다인종 국가인 만큼 전통 춤, 음악, 축제 등 볼거리도 다양해.
- 건기인 3~10월이 여행하기에 좋아. 11~2월은 태풍과 홍수가 잦거든.

지도에서 찾아봐!

✓ 여행 중인 카카오프렌즈와 아래 전통 의상을 입은 이프, 앵무새, 이프의 물건들을 찾은 다음 빈칸에 V를 그려 봐.

#프람바난 힌두 사원에서

템페 콩을 쪄서 발효하여 만든 음식

박소 수프 안에 소고기 완자가 든 길거리 음식

아얌고렝 고추 소스인 '삼발'을 찍어 먹는 닭 튀김 요리

나시고렝 달고, 맵고, 짜고, 신 맛이 어우러진 인도네시아식 볶음밥이야.

가도가도 땅콩 소스를 뿌려 먹는 인도네시아식 샐러드

클레폰 코코넛 가루를 묻혀 먹는 찹쌀떡

사테 닭고기, 염소고기 등으로 만드는 숯불 꼬치구이

테보톨 인기 있는 차 음료

에스텔레르 간 얼음에 코코넛, 우유, 과일 등을 넣어 먹는 음료

보르네오해

바틱 밀랍을 이용해 천에 독특한 무늬가 나도록 염색하는 기법

메단 · 수마트라섬 · 파당 · 수마트라 열대우림

이스티클랄 사원 10만 명이 들어갈 수 있는 자카르타의 이슬람 사원

· 팔로 · 싱카왕 · 폰티아낙

크라카타우섬 세계에서 가장 큰 소음으로 기록된 1883년 화산 대폭발이 일어난 섬이야.

· 팔렘방 · 반다르람풍

자카르타 독립 기념탑

자바해

★ 자카르타 · 반둥 · 스마랑 자바섬

므라피산 인도네시아에서 활동이 가장 활발한 활화산

보고르 식물원 1만 5천여 종류의 식물이 자라는 도시 속의 거대한 숲

인도양

프람바난 힌두 사원 자바 건축양식을 대표하는 힌두교 사원

크바야와 질밥 여성용 블라우스와 머리에 두르는 스카프

체크무늬 치마랑 입어 봤어.

보로부두르 자바섬의 불교 유적으로 '산 위의 절'이라는 뜻

크라톤 욕야카르타의 술탄 궁전

와이삭 축제 부처님 오신 날을 기념해 수많은 풍등을 날리는 축제야.

타만 사리 대형 목욕탕이 있었던 18세기 왕실 별궁

가자 마다 인도네시아 옛 왕국의 전성기를 이끈 재상

프라무댜 아난타 투르 인도네시아의 대문호

키 하야르 데완타라 국민들의 배움을 위해 힘쓴 교육자

18

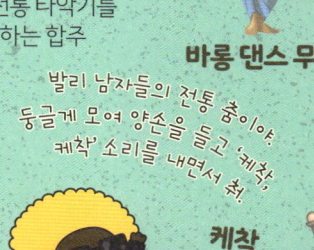

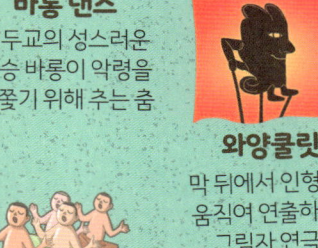

인도

नमस्ते!
[나마스떼]

아시아

- **수도** 뉴델리
- **언어** 힌디어외 14개 공용어, 영어
- **인구** 약 13억 6,642만명
- **면적** 3,287,259제곱킬로미터
- **시차** 우리나라보다 3시간 30분 늦어.

카카오프렌즈와 인도로 GOGO!

- 인도는 거대한 땅, 인구 세계 2위, 다양한 인종, 종교, 언어를 가진 신비한 나라야.
- 기원전 인더스문명, 중세의 불교 왕조, 무굴제국, 영국의 식민 지배까지 길고 사연 많은 역사를 갖고 있어. 볼만한 유적도 어마어마하게 많아.
- 종교를 빼놓고는 인도를 이야기할 수 없어. 과거 신분제도의 영향, 채식 문화, 축제 등 많은 것에 종교적 의미가 있어.
- 수도인 뉴델리 중심가에서도 느릿느릿 돌아다니는 소를 만날 수 있다니 놀랍지?

📍 지도에서 찾아봐!

✓ 여행 중인 카카오 프렌즈와 아래 전통 의상을 입은 이프, 앵무새, 이프의 물건들을 찾은 다음 빈칸에 V를 그려 봐.

#타지마할에서

시카라 - 달호수의 교통수단

달호수 - 매일 새벽 수상 시장이 열리는 곳 · 스리나가르

귀금속

식민지 시절, 배를 집처럼 개조해 살았던 영국인들의 흔적을 볼 수 있어.

하우스 보트

황금 사원 - 시크교 최고의 성지 · 암리차르

캐시미어

티베트 불교에서 명상 시간을 알리는 데 쓰는 도구야.

싱잉볼

하와마할 - 바람이 잘 통하는 격자 모양의 창문이 많아 '바람의 궁전'이라고 불림. · 자이푸르

타르사막

인도느시 - 타르사막에 사는 새 · 조드푸르

러시아의 털 모자인 샤프카야.

메헤랑가르 요새

아잔타 석굴 - 수백 년에 걸쳐 지어진 고대의 불교 미술 작품 · 인도르

엘레판타섬 - 다섯 개의 힌두교 석굴 사원이 발견된 섬

인도의 문 - 1911년 영국 조지 5세 부부의 방문을 기념해 세운 뭄바이의 상징 · 뭄바이

아라비아해

도비 가트 - 인도 최대의 야외 빨래터 · 고아

요가 - 호흡과 명상을 통한 힌두교의 수행 방법

헤나

향신료

마살라 차이 - 홍차에 우유, 설탕, 향신료를 넣고 끓인 음료

데바라자 마켓 - 꽃, 채소, 염료 등 원색으로 가득 찬 전통 시장

미국의 '할리우드'와 인도 영화의 중심지인 '봄베이(뭄바이)'를 합친 말! 화려한 춤과 노래가 빠지지 않는 인도의 영화산업을 가리켜.

카레

난

라씨 - 우유를 발효시켜 만든 새콤달콤한 음료

탄두리치킨 - 항아리 가마인 탄두리에 구운 닭 요리

달 - 마른 콩에 향신료를 넣어 끓인 수프

사모사 - 삼각형으로 빚어 튀긴 인도식 만두

처트니 - 과일이나 채소에 향신료를 넣어 만든 인도식 소스

볼리우드

네팔

아시아

- **수도** 카트만두
- **언어** 네팔어
- **인구** 약 3,124만명
- **면적** 147,181제곱킬로미터
- **시차** 우리나라보다 3시간 15분 늦어.

नमस्ते! [나마스테]

카카오프렌즈와 네팔로 GOGO!

- 네팔의 공식 국가 이름은 네팔 연방 민주 공화국이야.
- 네팔은 세계 10대 최고봉 가운데 8개의 산봉우리가 있는 산악 국가야.
- 험준한 산과 협곡 덕분에 네팔은 고유의 문화가 발달할 수 있었지.
- 국기가 사각형 모양이 아닌 나라는 전 세계에서 네팔뿐일걸.
- 남쪽과 북쪽은 온도 차이가 많이 나. 한여름에 산이 많은 북쪽은 선선하고, 남쪽은 40도까지 올라간대.

📍 지도에서 찾아봐!

✓ 여행 중인 카카오프렌즈와 아래 전통 의상을 입은 이프, 앵무새, 이프의 물건들을 찾은 다음 빈칸에 V를 그려 봐.

#스와얌부나트 사원에서

마달 네팔의 전통 악기

팽이

예티 히말라야에는 설인이 산다는 전설이 있어.

히말라야산맥

전통 집 네팔의 전통 집인 '가르'

전통 의상

카르날리강

나는 신사복도 잘 어울리지?

당가디

네팔 남쪽에 있는 평원이야.

테라이 평원

마야데비 사원 마야 부인이 석가모니를 낳은 곳

툴시푸르

라니 마할 19세기에 지어진 아름다운 궁전

바나나

사탕수수

쌀

감자

옥수수

백단향

다사인 이마에 붉은 점인 티카를 찍으며 덕담을 나누는 네팔 최대의 힌두교 축제

인드라 자트라 힌두교에서 비의 신인 인드라에게 수확을 감사하는 축제

랄리구라스 네팔의 나라꽃

석가모니 불교를 만든 사람

마야 부인 석가모니의 어머니

프리트비 나라얀 '국가의 아버지'로 불리는 통일 네팔의 첫 번째 왕

네팔의 전통 의상을 '다우라 수루왈'이라고 해.

에드먼드 힐러리와 텐징 노르가이 에베레스트산을 처음으로 오른 사람들

셰르파 히말라야 높은 곳에 사는 히말라야 등정 안내원

핑
대나무로 만든 그네

히말라야비단꿩
네팔의 나라새

눈표범

야크

인도코뿔소

느림보곰

벵골호랑이

인도코끼리

산악 자전거

페와 호수

바라히 사원

히말라야원숭이
'레서스원숭이'라고도 함.

히말라야사향노루

산소 탱크

산 트레킹

다울라기리 산
'흰산'이라는 뜻

안나푸르나 산

마나슬루 산

히말라야에 사는 나비, 곤충, 새들을 한눈에 볼 수 있어.

안나푸르나 박물관

네팔에서 가장 오래된 사원인데, 원숭이 사원이라고도 해.

스와얌부나트 사원

네팔에서 가장 높은 불탑이 있는 사원이야.

보드나트 사원

산악용 로프와 아이젠

히말라야 등반 캠프

● 포카라

데비 폭포
'파탈레 창고'라고도 불림.

● 룸비니

칼리간다키강

트리슐리강

★ 카트만두

파슈파티나트 사원

에베레스트산
네팔과 중국에 걸쳐 있는 세계에서 가장 높은 산

초오유산

남체 바자르
등반 장비가 풍부한 시장 도시

로체산
세계에서 네 번째로 높은 산

마칼루산
세계에서 다섯 번째로 높은 산

칸텐중가산
세계에서 세 번째로 높은 산

치트완 국립 공원
네팔 최초의 국립 공원

두르바르 광장
아름다운 사원과 옛 왕궁, 연못 등이 있는 광장

냐타폴라 사원
네팔에서 가장 높은 5층 사원

코시강

단타칼리 사원

● 자낙푸르

자나키 사원
동화 속 성처럼 아름다운 힌두교 사원

● 비라트나가르

콰티
다양한 콩과 식물의 싹을 넣은 요리

국, 밥, 카레가 함께 나오는 네팔의 대표 음식이야.

야크 치즈

모모
네팔의 만두

달 바트 타르카리

찌아
네팔의 홍차

번지 점프

보트

에베레스트산을 즐기는 방법 중 하나야!

짚라인
세계에서 가장 높고 긴 아시아 최초의 짚라인

툭파
히말라야 지역에서 인기 있는 국수

세쿠아
숯불에 구운 고기 꼬치

셀로티
네팔의 전통 쌀 과자

스카이다이빙

이란

아시아

[쌀럼]

- 수도 테헤란
- 언어 페르시아어
- 인구 약 8,291만 명
- 면적 1,745,150제곱킬로미터
- 시차 우리나라보다 5시간 30분 늦어.

카카오프렌즈와 이란으로 GOGO!

- 이란은 최초의 세계 제국으로 알려진 페르시아제국이 있던 곳이야.
- 페르시아제국 건국 이래 역사가 2,500년이나 된 만큼 곳곳에 귀중한 유적과 유물이 많아.
- 땅의 절반이 산악 지대이고, 나머지 반은 사막과 황야, 평야로 이루어져 있어.
- 이슬람문화의 중심 국가답게 모스크가 웅장하고 화려하기로 유명해.
- 우리나라 기후와 비슷하게 사계절이 있어. 국토가 넓어서 지역별로 기온이 50도나 차이 나기도 해.

지도에서 찾아봐!

여행 중인 카카오프렌즈와 아래 전통 의상을 입은 이프, 앵무새, 이프의 물건들을 찾은 다음 빈칸에 V를 그려 봐.

#페르세폴리스에서

세타르 이란의 전통악기

타브리즈 바자르 중동에서 가장 오래된 실내 시장

아르메니아 교회 수도원 유적

우르미아호 이란에서 가장 큰 소금 호수

타브리즈

칸도반마을 바위 절벽을 깎아 만든 석굴 마을

마술레마을 천년 이상된 아름다운 마을

잔잔

타흐트 술레이만 기원전 조로아스터교의 중심지이자 유대교, 기독교, 이슬람교와도 관련된 유적지야.

아라비안나이트 아랍어로 쓴 설화 모음집으로 《천일야화》라고도 불러. 《알라딘과 요술 램프》, 《신드바드의 모험》 같은 이야기가 여기서 나왔지.

비시툰 고대 페르시아의 비문이 발견된 유적지

일람

알리사드르동굴

팔레비 2세의 대관식 왕관 테헤란의 국립 보석 박물관에 있는 보물

노루즈 이란의 가장 큰 명절

아비야네의 전통 마을

초가잔빌 잘 보존된 계단식 신전 유적지

아바즈

아바단

폴로 기원전 600년경부터 페르시아에서 즐겨 했던 스포츠

거미꼬리뿔독사 전구처럼 생긴 독특한 꼬리를 가진 뱀

회색늑대

페르시안고양이

줄무늬하이에나

페르시아만

부시르

이븐 시나 고대 철학과 의학을 집대성한 페르시아제국의 학자

알 콰리즈미 인도와 그리스의 수학 이론을 종합한 대수학의 아버지

사디 시라지 중세 페르시아 문학을 대표하는 시인

아바스 키아로스타미 이란을 대표하는 세계적인 영화감독

이건 네덜란드의 전통 모자야.

28

사우디아라비아
السلام عليكم!
[앗살라무 알라이쿰]

 아시아

- **수도** 리야드
- **언어** 아랍어
- **인구** 약 3,427만 명
- **면적** 2,149,690제곱킬로미터
- **시차** 우리나라보다 6시간 늦어.

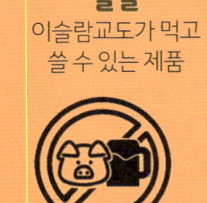

할랄
이슬람교도가 먹고 쓸 수 있는 제품

하람
돼지고기, 술처럼 이슬람교도에게 금지된 음식

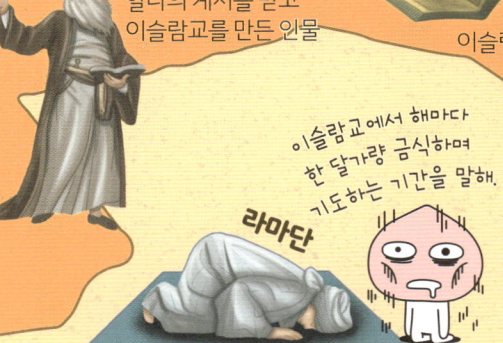

무함마드
알라의 계시를 받고 이슬람교를 만든 인물

쿠란
이슬람교의 경전

라마단
이슬람교에서 해마다 한 달가량 금식하며 기도하는 기간을 말해.

카카오 프렌즈와 사우디아라비아로 GOGO!

- 사우디아라비아는 아라비아반도의 대부분을 차지하는 큰 나라야.
- 대부분이 사막이지만, 땅속에 엄청난 양의 원유가 매장되어 있다는 사실!
- 이슬람교 최대 성지인 메카에는 매년 200만 명이 넘는 신자들이 모여들어.
- 종교 규율이 엄격한 나라라서 술과 돼지고기는 절대 금지!
- 관광객이라도 노출이 심하면 들어갈 수 없는 곳이 많으니 주의해야 해.

#카바 신전에서

📍 지도에서 찾아봐!
✓ 여행 중인 카카오 프렌즈와 아래 전통 의상을 입은 이프, 앵무새, 이프의 물건들을 찾은 다음 빈칸에 V를 그려 봐.

네푸드사막

타부크
1세기경 거대한 암석을 깎아 만든 고대 아랍인들의 무덤을 볼 수 있어.
알 히즈르 고고유적

웨딩드레스 베일이랑 헷갈리진 않지?

밀

모스크
메카 방향을 표시한 움푹한 벽과 설교단이 있는 이슬람교의 예배당

메디나

샤르바틀리 하우스
영화 <아라비아의 로렌스>로 알려진 영국인 장교가 살았던 집

알 샤피이 모스크
제다에 있는 오래된 이슬람 사원

이건 고대 로마 병사들의 투구!

홍해

라바브
아라비아의 현악기

카바 신전
메카에 있는 이슬람교 최고의 성지

● 제다 ● 메카

카바 신전을 둘러싸고 있는 사원으로 흔히 '알 하람 사원'이라고 불려.

마스지드 알 하람

아시르 국립공원
다양한 지형의 작은 공원들로 이루어진 거대한 국립공원

아브하

수염수리

노간주나무

산호초

아라비아오릭스

아라비아말
'타르판말'이라고도 부름.

염소

베두인족 아랍의 유목민으로 '사막에 사는 자들'이란 뜻을 지녔음.

구트라 뜨거운 햇빛과 모래바람을 막아 주는 천

아바야 얼굴, 손, 발을 빼고 몸 전체를 가리는 전통 의상

토브 발목까지 오는 흰옷

니캅 이슬람교 여성이 사용하는 얼굴 가리개

자나드리아 축제 사우디아라비아 최대의 문화 축제

향수 사우디아라비아에서 나날이 커지는 산업

천연가스

아라빅커피 커피 원두를 갈아 추전자에 넣고 진하게 끓여서 마셔.

샤이 사우디아라비아인들이 즐겨 마시는 홍차의 이름

대추야자 열매 아랍 사람들의 주식 중 하나로 달고 영양이 풍부함.

회전식 관개 농법 스프링클러로 둥글게 물을 뿌려 사막에서도 농사가 가능

슈와르마 양고기나 닭고기, 각종 채소를 넣은 샌드위치

사우디 샴페인 레몬, 사과즙, 탄산수, 설탕을 섞어 만든 무알코올 음료

다흐나 사막

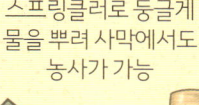
마스막 요새 지금은 박물관으로 사용되는 리야드의 상징

디라이야 고도시 18세기까지 발달했으나 오스만제국에 의해 파괴된 도시의 유적

타루트섬 기원전 3천 년경의 유물이 발견된 곳

담맘

사우디아라비아와 섬나라 바레인을 잇는 다리야. 걸어서 건너려면 6시간 넘게 걸릴 만큼 길어.

킹 파하드 해상 다리

• 부라이다

킹사우드 대학 경기장 킹사우드 대학교에 세워진 다목적 경기장

• 사크라

★ 리야드

무라바 궁전 초대 국왕 이븐 사우드가 지은 화려한 궁전

국립 박물관 이슬람의 역사와 관련된 유물이 전시된 곳

수와이크 마켓 아라비아식 전통 시장

하라드

이게 바로 사우디아라비아 전통 의상이야

쿱즈 누룩을 넣지 않은 빵

킹덤 센터 사우디아라비아의 경제적 성공을 상징하는 건물

• 라일라

대추야자 숲

물이 부족해서 바닷물을 민물로 바꿔 주는 담수화 공장이 곳곳에 있어.

담수화 공장

석유 세계에서 손꼽히는 원유 수출국

와디 비가 내리면 홍수가 나고, 가물면 사라지는 일시적인 강

돌마 채소 잎에 고기, 쌀, 잣, 허브 등의 재료를 싸서 먹는 음식

캅사 고기, 견과류, 채소, 향신료를 볶아 밥 위에 얹어 먹는 사우디아라비아의 대표 요리

관목 건조한 땅에서 자라며 줄기가 가늘고 키가 작은 나무

모래폭풍

오아시스

만사프 양고기에 쌀, 달걀 등을 넣고 찐 베두인족의 전통 요리

룹알할리사막

• 나지란

사막쥐 모래고양이

단봉낙타 '아라비아낙타'라고도 부르는 사막의 주요 교통수단

유목 생활

시드르 꿀 시드르나무에서 채집하는 최고급 꿀

사막 관광

튀르키예

Merhaba! [메르하바]

아시아

- **수도** 앙카라
- **인구** 약 8,343만 명
- **언어** 튀르키예어
- **면적** 785,350제곱킬로미터
- **시차** 우리나라보다 6시간 늦어.

카카오프렌즈와 튀르키예로 GOGO!

- 유럽과 아시아가 만나는 곳에 있는 튀르키예는 '지중해의 꽃'으로 불리는 나라야.
- 이스탄불에 가면 동양과 서양이 어우러진 독특한 문화를 볼 수 있지.
- 우리나라와 인연이 많아 '형제의 나라'라고도 불러.
- 한반도의 3.5배에 달하는 국토는 우리나라처럼 삼면이 바다로 둘러싸여 있어.
- 7~8월은 덥고, 1월은 춥고 비가 많이 와. 봄가을은 화창한 날씨가 이어져 여행하기 좋아.

📍 지도에서 찾아봐!

✓ 여행 중인 카카오 프렌즈와 아래 전통 의상을 입은 이프, 앵무새, 이프의 물건들을 찾은 다음 빈칸에 V를 그려 봐.

베야지트 모스크 규모가 매우 큰 16세기의 왕실 모스크

탁심 광장 이스탄불 신시가지의 중심지

미니아튀르크 튀르키예의 역사적인 건물들을 작은 모형으로 만들어 놓은, 이스탄불의 명소야.

톱카프 궁전 약 400년 동안 오스만제국의 왕이 살았던 궁전

아야소피아 성당 가톨릭, 그리스정교, 이슬람교가 섞여 있는 오래된 성당

갈라타교 이스탄불 신시가지와 구시가지를 연결하는 다리

그랜드 바자르 세계에서 가장 크고 오래된 실내 시장

에디르네

돌마바흐체 궁전 매우 화려한 서양식 궁전

이스탄불

보스포루스해협

이즈니크

중국의 치파오야.

트로이 트로이 목마와 전쟁으로 알려진 고대 도시 유적지

차나칼레

부르사

계단처럼 층층이 펼쳐진 석회 온천을 볼 수 있는 곳이야.

에게해

코낙 광장 시계탑이 유명한 이즈미르의 중심지

에페수스 유적 고대 도시의 유적

이즈미르

셀추크

멘데레스강

쿠샤다시

데니즐리

파묵칼레

디디마

마르마리스

페리

아스펜도스 원형극장이 유명한 고대 도시 유적

카쉬

욀뤼데니즈 해변 튀르키예의 대표적인 휴양지

키메라의 불꽃 바위틈에서 나오는 가스 때문에 꺼지지 않는 천연 불꽃

열기구 비행

패러글라이딩

바다거북

지중해

#아야소피아 성당에서

쿠르반 바이람 튀르키예 최대의 명절이자 축제야. 가족, 이웃과 함께 고기를 나눠 먹는 풍습이 있어.

샤흐마란 상체는 여인, 하체는 뱀, 머리에는 뿔이 달린 지혜와 풍요의 신

메흐테르 세계 최초의 군악대

크르크프나르 온몸에 기름을 바르고 하는 튀르키예의 레슬링이야.

하맘 공중목욕탕

술탄 아흐메드 모스크
'블루 모스크'로도 불리는 튀르키예의 대표적인 사원

발렌스 수도교
378년 로마제국의 발렌스 황제가 건설한 다리

터키시앙고라 **황금자칼** **석류** **무화과**

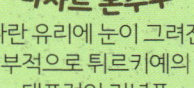
튀르키예 양탄자

양

콜론야
레몬향이 나는 향수

나자르 본주우
파란 유리에 눈이 그려진 부적으로 튀르키예의 대표적인 기념품

제우그마 모자이크 박물관
2천 년 넘게 잠들어 있던 고대 도시 유물을 볼 수 있음.

예레바탄 사라이
약 8만 톤의 물을 저장할 수 있는 아주 큰 지하 저수지

쉴레이마니예 모스크
이스탄불에서 두 번째로 큰 이슬람 사원

흑해

쉬멜라 수도원
가파른 절벽 위에 들어선 수도원

고슴도치

이즈니크 도자기
화려한 무늬의 그릇과 타일로 유명한 튀르키예의 특산물

● **사프란볼루**

늑대
튀르키예의 상징 동물

트라브존

전통 의상

가죽 가공업

한국 공원
한국전쟁에 참여한 튀르키예 군인들을 기리는 곳

하투샤 유적
세계 최초로 철기 문명을 이룬 히타이트제국의 고대 유적

폰투스 산맥

아라라트산
해발 5,185미터로 튀르키예에서 가장 높은 산

★ **앙카라**

카파도키아
바위 집 모양의 동굴 사원과 독특하게 생긴 바위들이 있는 곳

오토뷔스
장거리 여행에 적합한 고급 버스

파시미나
부드러운 산양털로 짠 고급 천

카라괴즈
전통 그림자극

반호

● **반**

세마
피리와 북 연주에 맞춰 수도승이 빙글빙글 돌며 추는 춤

데린쿠유
그리스도교인들이 로마의 박해를 피해 숨어 지낸 지하도시야. 집, 교회, 학교 등이 개미굴처럼 연결되어 있어.

콤마게네 왕국의 유적
해발 2천 미터가 넘는 넴루트산 정상에 있는 유적

돌무쉬
승합차 택시

벨리댄스

● **코니아**

비가 와도 끄떡없는 노란 비옷!

튀르크 카베시
커피 가루, 설탕, 물을 같이 끓이는 튀르키예식 커피

유프라테스강

하란의 전통 집
하란 지역에 있는 원추형 흙집

티그리스강

디야르바키르

피데 꼽깃한 튀르키예식 피자

아이란
소금 맛이 나는 요구르트 음료

토로스 산맥

아다나

안타키아

성 베드로 동굴 교회
기독교 성지 안타키아에 세워진 최초의 교회

무스타파 케말 아타튀르크
튀르키예 건국의 아버지이자 초대 대통령

오르한 파무크
2006년 노벨 문학상을 수상한 작가

필라프
튀르키예식 볶음밥

바클라바
꿀과 피스타치오가 들어간 튀르키예의 전통 파이

뵈렉
밀가루 반죽을 얇게 쌓아 만든 페이스트리

쾨프테
다진 고기로 만든 튀김 요리

로쿰 튀르키예식 젤리

항아리 케밥
오븐에 항아리째 찌는 국물 있는 케밥

되네르 케밥

시미트
가운데 구멍이 뚫린 튀르키예의 전통 빵

고등어

헤로도토스
'역사의 아버지'로 불리는 역사학자

갈레노스
서양의학을 집대성한 인물

술레이만 1세
옛 제국의 전성기를 이끈 왕

돈두르마
끈적한 튀르키예식 아이스크림인데 손님에게 팔 때, 줄 듯 말 듯 장난치는 걸로 유명해.

메이베 수유
즉석에서 갈아 주는 생과일 주스

덴마크

Hej! [하이]

유럽

- 수도 코펜하겐
- 언어 덴마크어
- 인구 약 577만 명
- 면적 42,920제곱킬로미터
- 시차 우리나라보다 8시간 늦어.

카카오프렌즈와 덴마크로 GOGO!

 덴마크는 독일과 연결된 유틀란트반도와 400개 이상의 섬으로 이루어진 나라야. 북아메리카에 있는 거대한 섬 그린란드가 덴마크에 속한다는 건 몰랐지?

 덴마크는 세계에서 가장 먼저 사회보장을 법으로 규정한 나라이기도 해. 국민들의 행복 지수가 높기로도 유명하지.

 덴마크 하면 낙농업을 빼놓을 수 없어. 우유, 버터, 치즈, 요구르트 등 유제품 가공 기술도 세계에서 손꼽혀.

 안데르센의 나라, 레고의 나라, 디자인의 나라이기도 해.

지도에서 찾아봐!

✓ 여행 중인 카카오 프렌즈와 아래 전통 의상을 입은 이프, 앵무새, 이프의 물건들을 찾은 다음 빈칸에 V를 그려 봐.

#티볼리 공원에서

세계에서 가장 큰 섬으로 북극해 근처에 있는 덴마크 영토야.

그린란드

이누이트 — 그린란드, 알래스카 등 북극해 연안에 주로 사는 인종

그린란드견 — 이누이트가 키우는 개로 개 썰매나 사냥에 쓰임.

북극늑대

스카게라크해협

이게 덴마크 전통 의상이야.

유틀란트반도

덴마크 왕실 도자기를 만들었던 브랜드야. 지금도 손으로 무늬를 그려 넣는대.

로열코펜하겐

붉은 클로버 — 덴마크의 나라꽃

튀코 브라헤 — 망원경이 발명되기 전 뛰어난 관측 자료를 남긴 천문학자

하랄 1세 — 덴마크와 노르웨이를 통일한 왕

자전거

전동 스쿠터 — 배터리로 움직이는 친환경 교통수단

비보르

북해

팬지

실케보르

한스 안데르센 — 《미운 오리 새끼》, 《인어공주》를 쓴 세계적인 동화 작가

타코스 — 덴마크의 전통 의상

덴마크 디자인 제품 — 단순하고 실용적이면서 세련된 디자인으로 인기

바르데강

에스비에르

옐링의 고분, 비석과 성당 — 1,100년경 세워진 덴마크 최초의 성당과 청동기시대 무덤, 고대 룬 문자가 새겨진 비석을 볼 수 있음.

카렌 블릭센 — 영화 〈아웃 오브 아프리카〉의 원작을 쓴 소설가

아르네 야콥센 — 덴마크를 대표하는 건축가이자 디자이너

이건 중동 여자들이 쓰는 히잡!

레고 — 덴마크에서 만든 세계적인 완구 브랜드

유럽두더지

비도강

페로제도

양

대서양퍼핀

쇠렌 키르케고르 — 신학자이자 철학자

닐스 보어 — 원자 모형 이론을 세운 물리학자

니콜라이 그룬트비 — 평생교육의 개념을 만든 덴마크 교육의 아버지

독일, 네덜란드, 덴마크에 걸쳐 있는 갯벌 습지인데, 자연환경이 아주 깨끗해.

바덴해

네덜란드

유럽

Hallo! [할로]

- 수도 암스테르담
- 언어 네덜란드어
- 인구 약 1,710만 명
- 면적 41,540제곱킬로미터
- 시차 우리나라보다 8시간 늦어.

카카오프렌즈와 네덜란드로 GOGO!

- 네덜란드는 국토의 4분의 1이 바다보다 낮아서 흙으로 메워 땅을 만들었어.
- 어디를 가나 큰 풍차와 꽃을 볼 수 있어. 위에서 내려다보면 꽃밭이 아주 예뻐!
- 수도는 암스테르담. 정부 기관이 모여 있는 곳은 헤이그야.
- 현재 여왕이 있지만 왕실은 상징일 뿐이야. 실제 정치는 의회와 내각이 해.
- 꽃이 활짝 피는 4~5월, 비교적 비가 덜 내리는 6~8월이 여행하기 좋아.

#쾨켄호프의 풍차 앞에서

지도에서 찾아봐!

✓ 여행 중인 카카오 프렌즈와 아래 전통 의상을 입은 이프, 앵무새, 이프의 물건들을 찾은 다음 빈칸에 V를 그려 봐.

북해

암스테르담 운하 버스 — 암스테르담에서만 탈 수 있는 교통수단

알크마르 치즈 시장 — 중세 네덜란드 시장의 모습을 볼 수 있는 곳

아이 필름 뮤지엄 — 다양한 영화와 전시회를 볼 수 있는 곳

암스테르담 운하 — 약 90개의 섬과 1,500개의 다리로 연결된 운하

안네 프랑크의 집

'북유럽의 모나리자'로 불리는 명화인데 헤이그의 마우리츠하위스에 전시되어 있어.

진주 귀걸이를 한 소녀

암스테르담 수상 가옥

일제강점기에 고종 황제의 밀사로 헤이그에 파견된 이준 열사를 기념하는 곳이야.

쾨켄호프 — 세계에서 가장 큰 튤립 축제가 열리는 곳

마두로담 — 미니어처 테마파크

이준 열사 기념관

● 헤이그

로테르담에 가면 기울어진 상자 모양의 집들이 이어진 신기한 건물을 볼 수 있어.

에라스뮈스 다리 — 생김새가 백조를 닮아 '백조의 다리'라고도 함.

큐브하우스

● 로테르담 — 유럽에서 가장 큰 항구도시

바람의 힘으로 풍차를 돌려 물을 퍼 올린 오랜 기술력을 엿볼 수 있어.

유럽굴뚝나비

갈매기

이건 인도네시아 모자야.

킨더데이크 엘샤우트 풍차 마을

수선화

데이지

히아신스

튤립 — 네덜란드의 나라꽃

비트 — '빨간 무'라고도 함.

거위

돼지

네덜란드드워프 — 네덜란드에서 개량한 소형 토끼

오색딱따구리

붉은 사슴

프랑스

Bonjour! [봉주르]

유럽

- **수도** 파리
- **인구** 약 6,513만 명
- **시차** 우리나라보다 8시간 늦어.
- **언어** 프랑스어
- **면적** 674,843제곱킬로미터

카카오프렌즈와 프랑스로 GOGO!

- 프랑스의 수도 파리는 전 세계에서 관광객이 가장 많이 찾는 도시 중 하나!
- 파리 말고도 곳곳에 유적지가 많아. 오랫동안 유럽 역사의 중심지였기 때문이지.
- 유럽에서 러시아, 우크라이나 다음으로 땅이 넓다는 건 몰랐지?
- 육각형 모양 땅의 삼면은 바다를, 삼면은 알프스산맥 등 산지를 접하고 있어서 자원이 풍부해.
- 기후가 우리나라와 비슷해서 여행할 때 옷 입기도 편하단 사실!

📍 지도에서 찾아봐!

✓ 여행 중인 카카오 프렌즈와 아래 전통 의상을 입은 이프, 앵무새, 이프의 물건들을 찾은 다음 빈칸에 V를 그려 봐.

#에펠탑에서

지도 라벨

- **마리안** - 붉은 모자를 쓴 여성상으로 프랑스혁명의 정신을 상징
- **수탉** - 프랑스의 나라새
- **에트르타 절벽** - 코끼리를 닮은 모양으로 유명한 절벽
- **몽생미셸** - 바다 위에 떠 있는 것처럼 보이는 수도원으로 유명한 곳
- **가이야르성** - 영국의 '사자왕' 리처드 1세가 세운 성
- **브레스트**
- **카르나크 열석** - 2천여 개의 거대한 돌로 이루어진 선사시대 유적
- **렌**
- **브르타뉴 공작성** - 낭트에 있는 중세 시대의 성
- **베르사유궁전** - 화려한 '거울의 방'도 유명하지만 아름다운 정원도 자랑거리야!
- **낭트**
- **퓌튀로스코프** - 첨단 과학 기술을 테마로 한 놀이공원
- **대서양**
- **코르두앙 등대** - 프랑스에서 가장 오래된 등대
- **라로셸**
- **라스코 동굴벽화** - 1940년에 마을 소년들이 발견했대.
- **포도주**
- **보르도**
- **바닷가재**
- **굴 양식**
- **비스케이만**
- **필라 사구** - 유럽에서 가장 높은 모래언덕
- **피레네산맥 트레킹**
- **송로버섯** - 땅속에서 자라는 희귀한 음식 재료
- **가론강**
- **피레네산양**
- **피레네산맥**
- **페탕크** - 금속 공으로 작은 나무 공을 맞추는 놀이
- **자동차**
- **향수**
- **내 신발 멋지지?**
- **피레네영원** - 피레네 국립공원에서만 볼 수 있는 도롱뇽목 동물
- **피레네데스만** - 피레네 국립공원에서만 볼 수 있는 두더지과 동물
- **에델바이스**

영국

음식
- **피시 앤 칩스**: 생선과 감자를 기름에 튀긴 요리
- **로스트비프**
- **요크셔푸딩**: 영국식 푸딩
- **스카치에그**: 삶은 달걀로 만든 전통 튀김 요리
- **토피넛**: 설탕, 버터, 견과류로 만든 전통 간식
- **번**: 건포도를 넣어 구운 영국식 빵
- **애프터눈 티**: 오후 3~5시경에 차와 함께 쿠키, 케이크 등을 곁들여 먹는 문화가 있어.
- **스콘**
- **블랙 푸딩**: 돼지 피로 만든 음식으로 소시지처럼 생겼고 좋짓함.

인물/캐릭터
- **로빈 후드**: 중세 시대 영국의 전설적인 영웅
- **해리 포터**: 조앤 K. 롤링의 판타지 소설에 나오는 주인공
- **피터팬**
- **셜록 홈즈**: 코난 도일이 쓴 소설에 나오는 명탐정
- **아서왕**: 원탁의 기사라고 불리는 전설적인 영웅
- **체셔 고양이**: 영국 작가 루이스 캐럴의 동화인 《이상한 나라의 앨리스》에 나오는 고양이

스코틀랜드
- **스코틀랜드 백파이프**: 스코틀랜드 지역의 전통적인 피리악기
- **에든버러 국제페스티벌**
- **전통 의상**: 스코틀랜드 지역의 전통 의상. 남자라도 스커트를 입는다고 함.
- **네시**: 네스 호 안에 산다는 전설의 괴물
- **에든버러성**: 추위를 위해 바위산 위에 세워진 성

지역
- 애버딘
- 에든버러
- 글래스고
- **레이크 디스트릭트**: 동화 《피터 래빗》 이야기의 배경이 된 곳
- **타이터닉 박물관**

기타
- **윔블던테니스대회**
- **의약품**
- **스코틀랜드 위스키**
- **경마**
- **모직물**
- **오크니제도 신석기 유적**
- **전통집**

정보
- **수도**: 런던
- **인구**: 약 6,753만 명
- **언어**: 영어
- **면적**: 243,610제곱킬로미터
- **시차**: 우리나라보다 9시간 늦어.

카카오프렌즈와 영국으로 GOGO!

- 영국은 유럽의 북서쪽 끝에 있는 섬나라로, 오래된 전통과 문화를 잘 지키고 있는 나라야.
- 국토가 여러 개의 섬으로 이루어져 있어. 잉글랜드, 스코틀랜드, 북아일랜드, 웨일스의 네 지역으로 나뉘어.
- 현재 영국에도 왕이 있어. 하지만 왕실은 상징적인 존재일 뿐, 정치는 의회에서 내각이 해.
- 문화가 발달한 만큼 셜록 홈즈, 피터 팬, 해리 포터 등 영국을 무대로 한 문학 작품들이 무척 많아.
- 여름에도 선선하고 겨울은 따뜻해. 하지만 날씨가 변덕스러워서 비가 자주 오고 안개도 많이 끼지.

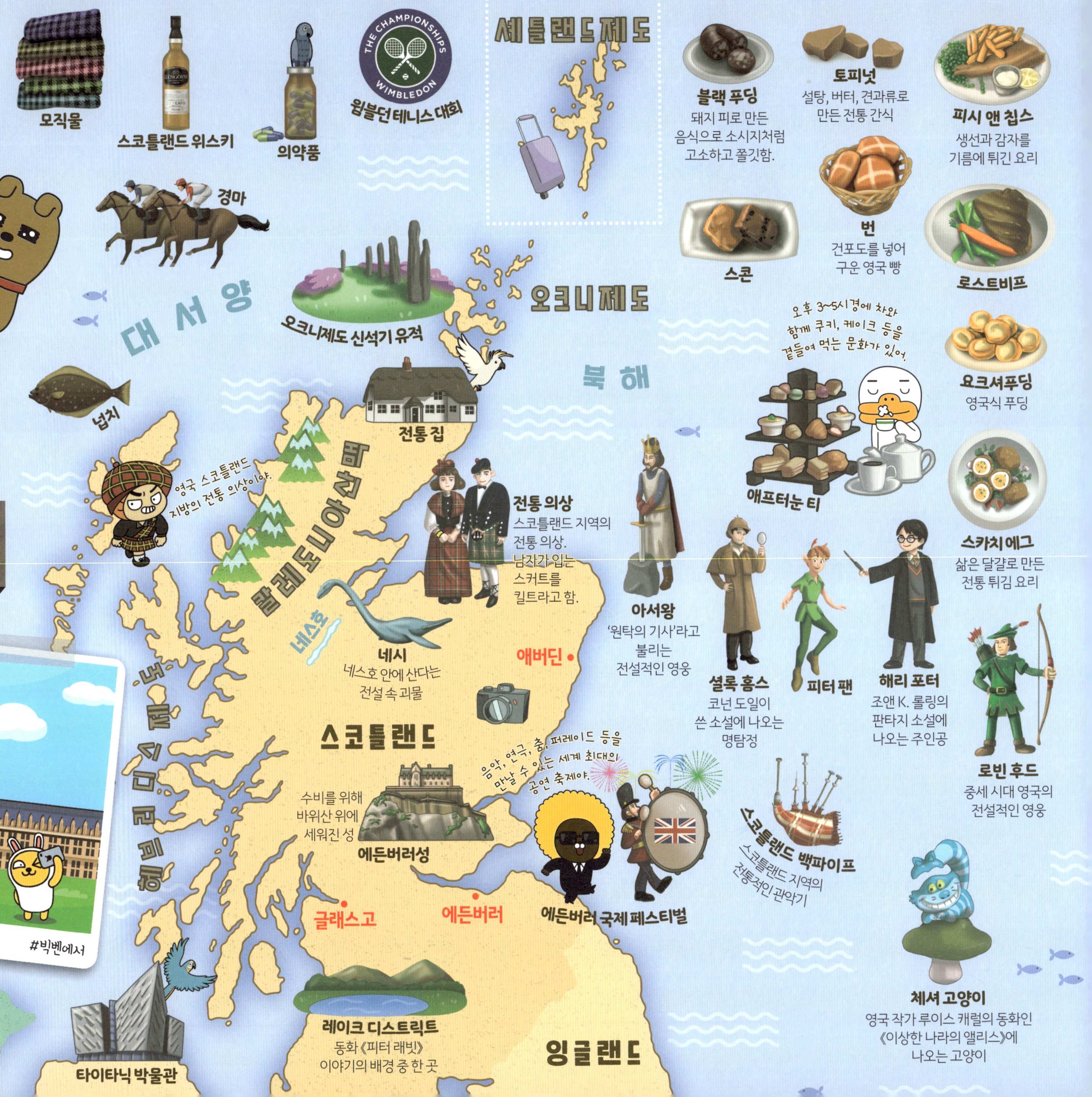

#빅벤에서

독일

Hallo! [할로]

유럽

- 수도: 베를린
- 언어: 독일어
- 인구: 약 8,352만 명
- 면적: 357,580제곱킬로미터
- 시차: 우리나라보다 8시간 늦어.

카카오프렌즈와 독일로 GOGO!

- 독일은 우거진 숲과 철학자와 동화의 나라 그리고 '라인강의 기적'을 이룬 나라야.
- 제1, 2차 세계대전의 패배와 나라가 동서로 나뉜 아픔 속에서도 경제 대국이 되었거든.
- 베를린장벽 유적과 홀로코스트 추모비에서 그 흔적을 볼 수 있어.
- 세계에서 손꼽히는 인기 축제인 옥토버페스트도 놓치면 아쉽지.
- 다양한 부어스트와 감자 요리도 꼭 먹어 봐!

#브란덴부르크 문에서

지도에서 찾아봐!

✓ 여행 중인 카카오 프렌즈와 아래 전통 의상을 입은 이프, 앵무새, 이프의 물건들을 찾은 다음 빈칸에 V를 그려 봐.

북해

- 뻐꾸기시계
- 주방용품
- 가전제품
- 문구제품

요하네스 구텐베르크 - 근대적 활판 인쇄술을 발명한 사람

미국의 카우보이 조끼를 입어 봤어!

브레멘 시청과 롤란트 상 - 도시의 자치와 시장의 자유를 상징하는 건축물

요한 제바스티안 바흐 - 서양음악의 기틀을 마련한 작곡가

의약품 - 아스피린을 포함한 의약품을 전 세계에 수출함.

에센의 광산 공업지대 - 세계 최대의 탄광 시설이 있던 곳

뒤스부르크
뒤셀도르프

요한 볼프강 폰 괴테 - 독일 문학을 세계에 알린 작가

쾰른성당 - 600여 년 동안 지은 성당으로 세계에서 손꼽히는 고딕 양식 건축물

유로타워 - 유럽 중앙은행이 있는 건물

빌헬름 뢴트겐 - X선을 발견한 과학자

로렐라이 언덕 - 노랫소리로 뱃사람을 홀리는 요정 로렐라이의 전설이 깃든 곳

프랑크푸르트
라인강

알브레히트 뒤러 - '독일 미술의 아버지'로 불리는 르네상스 시대의 화가

트리어 로마 다리 - 고대 로마의 유적

바덴바덴 - 유명한 온천 휴양지

알베르트 아인슈타인 - 상대성이론을 세운 물리학자

루트비히 판 베토벤 - 고전파 음악을 대표하는 작곡가

친환경 도시 프라이부르크에 있는 중세 시대의 물길이야.

베힐레

자동차 전용 고속도로인데 속도 제한 없는 구간이 있는 것으로 유명해.

아우토반

마르틴 루터 - 부패한 로마 가톨릭교회에 반기를 든 종교 개혁가

카를 벤츠와 고틀리프 다임러 - 1886년 세계 최초로 휘발유로 움직이는 자동차를 발명함.

임마누엘 칸트 - 인간의 이성을 깊이 탐구한 철학자

슈바르츠발트 - 햇빛이 들어오지 않을 만큼 나무가 울창해 '검은 숲'으로 불리는 지역

독일 알프스 산맥

50

독일은 풍력, 태양열 등 재생에너지 개발에 힘쓰는 나라야.

재생에너지

기차

· 뤼베크

· 함부르크

폭스바겐이 세운 자동차 공동체 왕국으로 테마파크로 전시관, 체험관 등 다양한 시설이 있어.

자동차
'자동차 왕국'으로 불릴 만큼 뛰어난 자동차를 많이 생산함.

아우토슈타트

쇠돌고래

발트해

유럽들소

댕기물떼새

닥스훈트

그레이트데인

저먼셰퍼드

옛이야기를 수집해 동화집으로 만든 그림형제! 여러 도시에 그림형제의 동화 속 주인공을 본뜬 동상이 있어.

브레멘의 음악대 동상

· 하노버

하멜른의 피리 부는 사나이 동상

한때 독일을 동서로 나누었던 벽으로 지금은 일부만 남아 있어.

브란덴부르크 문
독일 분단 시절 동서 경계를 나타냈던 상징

베를린 곰
도시 곳곳에서 볼 수 있는 베를린의 상징

베를린 필하모니
세계적인 베를린 필하모니 관현악단의 연주를 들을 수 있는 공연장

국제 완구 박람회
매년 열리는 세계 최대 규모의 완구 박람회

★ **베를린**

박물관섬
독일을 대표하는 다섯 개의 박물관이 모인 곳

하르츠 국립공원
독일가문비나무 숲과 트레킹 코스가 있는 자연 보호구역

베를린장벽

상수시 궁전
프랑스의 베르사유궁전을 본떠 만든 궁전

홀로코스트 추모비
제2차 세계대전 때 학살된 유대인들의 넋을 기리는 곳

던들
여자들이 입는 독일의 전통 의상

레더호젠
가죽으로 만든 반바지로 남자들이 입는 독일의 전통 의상

크리스마스 마켓
크리스마스를 앞두고 약 4주 동안 열리는 시장

· 카셀

카셀 중앙역
예술의 도시인 카셀의 명소로 '하늘을 걷는 사람' 모양의 조각이 설치되어 있음.

바우하우스
현대미술에 많은 영향을 끼친 예술 학교

드레스덴

마이센 도자기
18세기에 마이센 지역에서 중국식으로 구워 낸 도자기

이게 바로 독일의 전통 의상!

축구

홉
맥주의 원료가 되는 식물

사탕무

메셀 화석 유적지
신생대 포유류 화석이 발견된 곳

· 밤베르크

전나무

봅슬레이

카레이싱

사우어크라우트
소금에 절인 양배추

바움쿠헨
자른 면이 나무의 나이테를 닮은 독일식 케이크

· 뷔르츠부르크

밤베르크의 중세도시 유적
중세도시의 형태와 건축양식을 잘 간직한 곳

철학자의 길
예부터 유명한 철학자들이 영감을 얻었다는 아름다운 길

너도밤나무

학세
우리나라의 족발과 비슷한 독일의 전통 음식

브레첼
굵은 소금을 뿌린 꽈배기 모양 빵

포메스
대표적인 길거리 음식인 감자튀김

· 슈투트가르트

매년 9~10월경 뮌헨에서 열리는 세계 최대 규모의 맥주 축제야.

아우크스부르크

옥토버페스트

노이슈반슈타인성
미국 디즈니랜드의 모델이 된 성

뮌헨

도나우강

알프스산맥

보덴호

아펠바인
독일식 사과주

슈바르츠비어
독일 흑맥주

글뤼바인
포도주에 과일을 넣어 끓인 음료

부어스트
독일에서 즐겨 먹는 소시지로 종류가 매우 다양함.

라이헤나우 수도원섬
보덴호에 있는 가장 큰 섬으로 중세 수도원의 모습을 볼 수 있음.

이건 누가 봐도 헬멧!

51

스위스

유럽

Hallo! [할로]

- **수도** 베른
- **언어** 독일어, 프랑스어, 이탈리아어, 로망슈어
- **인구** 약 885만 명
- **면적** 41,290제곱킬로미터
- **시차** 우리나라보다 8시간 늦어.

카카오프렌즈와 스위스로 GOGO!

- 스위스는 자연이 아름다운 나라로 유명해. 스위스의 가장 큰 매력은 산이지만 큰 호수와 빙하도 많아서 '물의 나라'라고도 불러.
- 가까이 있는 독일, 프랑스, 이탈리아의 영향으로 문화가 발달했어. 축제도 다양하고 화려해.
- 낙농업이 발달해서 우유, 치즈 등을 재료로 한 요리가 많지.
- 여름은 덥고 건조하며 겨울은 춥고 눈이 많이 와. 하지만 산악 지형이라 날씨가 매우 변덕스러워.

📍 지도에서 찾아봐!

✓ 여행 중인 카카오프렌즈와 아래 전통 의상을 입은 이프, 앵무새, 이프의 물건들을 찾은 다음 빈칸에 V를 그려 봐.

#마터호른산에서

알펜호른 — 목동들이 사용하던 스위스 전통 관악기야.

전통 집

전통 의상

건국 기념일 — 매년 8월 1일

쉬빙겐 — 씨름과 유사한 스위스 민속 스포츠

금융업

군용칼

시계

미틀레레 다리 — 바젤

뇌샤텔 — 비엘호

베른곰 공원

베른 대성당 — 베른 ★

프리부르

치트글로게 시계탑

로잔 대성당 — 우뚝 솟은 첨탑이 있는 로잔의 상징 건물

로잔 — 레만호

라보 포도밭

낙농업

올림픽 박물관

제토 분수 — 140미터까지 물을 뿜어 올리는 유럽에서 가장 높은 분수대

제네바

포도주

시옹성 — 시옹

알프스산맥

마터호른산 — 알프스산맥을 대표하는 산봉우리

티르크겔 — 크리스마스 전통 비스킷

초콜릿

브룬슬리 — 아몬드, 헤이즐넛, 초콜릿으로 만든 작은 과자

뢰스티 — 감자를 갈아 둥글게 부친 전통 요리

앨플러마그로넨 — 스위스의 파스타

위슬리 — 말린 통곡물을 우유나 요거트에 섞어 먹는 음식

퐁뒤 — 긴 꼬챙이 끝에 음식을 끼워 녹인 치즈에 찍어 먹는 전통 요리야.

오스트리아

Grüß Gott! [그뤼스 고트]

유럽

- **수도** 빈
- **언어** 독일어
- **인구** 약 898만 명
- **면적** 83,871제곱킬로미터
- **시차** 우리나라보다 8시간 늦어.

카카오프렌즈와 오스트리아로 GOGO!

- 정식 명칭은 오스트리아 공화국이야. '동쪽 변경 지역'이라는 뜻의 독일어인 '외스터라이히'에서 유래한 이름이래.
- 오스트리아에는 모차르트, 슈베르트, 하이든 등 세계적인 음악가가 많다고.
- 알프스산맥이 절반 이상 걸쳐 있어 겨울에는 스키와 같은 겨울 스포츠를 즐기기에 딱이지.
- 지역에 따라 기후가 다른 탓에 활엽수부터 침엽수까지 아주 다양한 나무들을 볼 수 있어.

#빈 국립 오페라 하우스에서

📍 지도에서 찾아봐!

✓ 여행 중인 카카오프렌즈와 아래 전통 의상을 입은 이프, 앵무새, 이프의 물건들을 찾은 다음 빈칸에 V를 그려 봐.

전통 의상

빈 왈츠

나르치센페스트
5월 말부터 6월 초 사이에 열리는 '수선화 축제'

잘츠부르크 페스티벌
모차르트의 고향인 잘츠부르크에서 매년 여름에 열리는 음악 축제

전통 집

낙농업

호박씨 오일

포도주

빈 트램

성 니콜라스의 날
이 날이 되면 아이들이 밤에 부츠를 내놓고 자. 착한 일을 한 사람은 선물을 받고, 나쁜 일을 한 사람은 석탄 조각을 받는대.

스케이트

스키 산업

터보건
나무로 만든 눈썰매

브레겐츠
도른비른
펠트키르히

황금의 지붕
인스부르크에서 가장 유명한 건축물

베르기젤 스키 점프 타워
인스부르크 시내가 내려다보이는 베르기젤 산꼭대기에 세워진 스키 점프대야.

쿠프슈타인

샤텐부르크 성

인 강

란데크

인스부르크

알프스산맥

크림믈 폭포

호에타우에른 국립 공원
오스트리아 최초의 국립 공원, 크림믈 폭포가 유명함.

프란츠 요제프 하이든
'교향곡의 아버지'로 불리는 작곡가

프란츠 슈베르트
낭만주의 음악을 완성한 '가곡의 왕'

볼프강 아마데우스 모차르트
'음악의 신동'으로 불리는 서양 고전 음악 작곡가

구스타프 클림트
황금빛의 화려한 색채가 특징인 오스트리아에서 가장 유명한 화가

지그문트 프로이트
정신분석학의 창시자로 불리는 심리학자

체코

Ahoj! [아호이]

유럽

- 수도 프라하
- 인구 약 1,069만 명
- 언어 체코어
- 면적 78,870제곱킬로미터
- 시차 우리나라보다 8시간 늦어.

카카오프렌즈와 체코로 GOGO!

- 체코는 유럽의 중심에 있어서 '유럽의 배꼽'으로 불려.
- 폴란드, 독일, 오스트리아, 슬로바키아와 국경을 맞대고 있어서 침략을 많이 받았어. 지금은 완전한 독립국가지.
- 수도 프라하에 가면 중세의 모습을 간직한 거리와 성을 볼 수 있어.
- 건축, 음악, 미술 등의 예술 분야가 발달했어. 세계적으로 유명한 음악가, 소설가도 많지.
- 여름은 우리나라보다 온도와 습도가 낮고, 겨울에는 눈비가 자주 내려.

📍 지도에서 찾아봐!

✓ 여행 중인 카카오프렌즈와 아래 전통 의상을 입은 이프, 앵무새, 이프의 물건들을 찾은 다음 빈칸에 V를 그려 봐.

#프라하 구시청사에서

목각 장난감

골렘 진흙 인형

마리오네트 인형 줄로 조정하는 마리오네트 인형을 이용한 연극이 인기야.

목욕용품

콜로나다 카를로비바리 시내 곳곳에서 온천수를 마실 수 있는 시설이야.

천국의 문 보헤미안 스위스 국립공원에 있는 커다란 아치 모양의 바위야.

에르츠산맥

엘베강

카를로비바리 온천 도시 체코에서 가장 유명하고 오래된 온천 지역

🔴 카를로비바리

비셰흐라드 공원 드보르자크, 스메타나 등의 유명인이 묻힌 공원 묘지와 조각 공원이 있음.

프라하성 체코 공화국의 대통령 관저가 있는 성채 단지

🔴 프라하

프라하 동물원

카를교 프라하에서 가장 오래된 다리

🔴 플젠

화약탑 대관식을 하던 프라하의 성문으로 이후 화약 창고로도 사용

블타바강

홀라쇼비체 18~19세기의 전통 주택들이 많이 보존되어 있는 곳

흘루보카성 체코의 아름다운 성 중 하나

보헤미아숲

🔴 체스키크룸로프

슈마바 국립공원 독일과의 국경 지대에 있는 국립공원

체스키크룸로프 성 체코에서 프라하성 다음으로 큰 성

박쥐

불개미

까막딱따구리

체코화이트

스라소니

이건 노르웨이 전통 치마야.

유럽소나무담비

가막살나무

참나무

아로니아 '킹스베리'라고도 함.

흰올빼미

체코슬로바키언울프독

무플런

보헤미안 크리스털 16세기쯤 보헤미아 지방에서 생산된 유리 공예품이야. 정교하고 아름답기로 유명해.

폴카
빠르게 빙글빙글 돌며 추는 전통 춤

거리의 악사

베드르지흐 스메타나
'체코 음악의 아버지'로 불리는 작곡가

카를 4세
체코 역사상 가장 존경받는 왕

안토닌 드보르자크
체코 민속음악을 세계에 알린 작곡가

밀란 쿤데라
《참을 수 없는 존재의 가벼움》을 쓴 세계적인 소설가

프란츠 카프카
《변신》 등의 작품으로 유명한 체코 출신의 유대인 소설가

루돌피눔
국제 음악제가 열리는 유명한 콘서트홀

• 이친

프라하 트램

성 니콜라스 축일이 전날인 12월 5일에는 천사와 악마, 산타클로스 분장을 한 사람이 아이들에게 선물을 나누어 줘.

성 니콜라스 이브

스노보드

이게 바로 체코의 전통 의상이야.

아이스하키

프라하 구청사
600년이 넘은 천문시계가 있는 곳

틴 성당

• 흐라데츠크랄로베

쿠트나호라

• 파르두비체

리토미슐성
16세기 중부 유럽의 전형적인 성 건축물

미니 열차

완두콩

• 올로모우츠

보리수
체코의 나라꽃

전통의상

성 바르바라 성당

흑사병과 전쟁으로 희생된 수많은 이들의 유골로 성당 내부를 꾸며서 '해골 성당'이라고도 해.

코스트니체 세드렉 성당

너도밤나무

갈탄

굴라시
고기와 채소를 끓여 만든 요리

바츨라프 광장
'프라하의 봄'으로 불리는 민주화 운동이 벌어진 상징적인 장소

프라하 박물관

내가 아냐. 다시 찾아봐.

• 브르노

슈필베르크성
브르노에 있는 성으로 지금은 박물관, 전시장으로 쓰임.

• 즐린

주로 돼지의 무릎 부위를 이용해 만드는 체코식 족발이야. 우리 입맛에도 잘 맞아.

콜레뇨

댄싱 빌딩

대수도원 광장의 존 레넌 벽

오플라트키
얇고 바삭거리는 체코식 와플

트르들로
원통에 감아 굽는 체코의 전통 빵

스비치코바
체코의 전통 음식으로, 크림소스를 곁들여 먹는 소 등심 요리

체코 소시지
구운 소시지는 클로바시, 뜨거운 물에 살짝 데친 소시지는 파르키라고 함.

페트린 타워
페트린 언덕에 있는 63.5미터 높이의 타워로 관측탑과 송전탑 역할을 함.

콜라치
동그란 반죽 위에 다양한 재료를 얹어 구운 빵

스마제니시르
타르타르소스에 찍어 먹는 치즈 튀김

크로케티
체코식 감자 크로켓

빌라 루뜨밀라
체코산 백포도주

팔라친키
아이스크림, 잼 등을 넣어 먹는 얇은 팬케이크

흘렙
체코의 전통 갈색 빵

크네들리키
체코식 찐빵

슬리보비체
체코의 전통 자두 브랜디

자동차

그리스

유럽 「ΓΕΙΑ σας!」 [야사스]

- **수도** 아테네
- **언어** 그리스어
- **인구** 약 1,047만 명
- **면적** 131,960제곱킬로미터
- **시차** 우리나라보다 7시간 늦어.

축산업

아테네 에피다우로스 축제
매년 7월 에피다우로스 극장에서 열리는 공연 예술 축제

고대 김나지움
고대 그리스인들의 체육 시설

바람의 탑
마케도니아의 천문학자가 만든 풍향계 겸 시계

제2차 세계대전 당시 이탈리아의 항복 요구에 '오히'('아니오'를 뜻하는 그리스어)라고 말한 것을 기념하는 날이야.

사이프러스

테살로니키

오히 데이

이게 그리스 전통 의상 푸스타넬라야.

올림포스산
그리스에서 가장 높은 산

• 라리사

수상스키

메테오라 수도원
높은 바위산에 있는 수도원

볼로스 •

신의 말씀을 들을 수 있는 아폴론 신전이 있던 곳으로 유명해.

레몬밤

카스탈리아의 샘
아폴론 신전에 들어가기 전 사람들이 몸을 깨끗이 씻던 곳

델포이 고고 유적지

암피사

카카오 프렌즈와 그리스로 GOGO!

- 그리스는 유럽 남동쪽 작은 나라지만, 서양 문명이 처음 나타난 곳으로서 전 세계에 큰 영향을 주었어.
- 높은 산과 섬이 많아 지역 간에 교류가 어려워서 작은 도시국가인 폴리스가 발전했어.
- 그중 아테네에서 최초로 민주주의가 시작되었지.
- 철학, 수학, 천문학, 의학 등의 학문도 고대 그리스에 뿌리를 두고 있어.
- 아름다운 지중해의 섬들도 놓치지 마!

#파르테논신전에서

올림피아 •

월계수
고대 올림픽 승리자에게 씌워 주던 월계관의 재료

코린트 운하

• 미케네

내 모자 어때?

• 에피타우로스

• 스파르타

나바지오 해변
석회암 절벽과 난파선으로 유명한 해변

수레국화

페퍼민트

📍 지도에서 찾아봐!
✓ 여행 중인 카카오 프렌즈와 아래 전통 의상을 입은 이프, 앵무새, 이프의 물건들을 찾은 다음 빈칸에 V를 그려 봐.

마리아 칼라스
그리스 출신의 세계적인 오페라 가수

리라
그리스의 전통 악기

사포
사랑을 노래한 고대 그리스의 여성 시인

지중해

그리스신화 속 신들

아폴론 · 아프로디테 · 제우스 · 포세이돈 · 헤라

고대 그리스의 철학자들

소크라테스 · 플라톤 · 아리스토텔레스

니코스 카잔차키스
소설 《그리스인 조르바》를 쓴 그리스의 대표 작가

이탈리아
Buon giorno!
[본조르노]

유럽

- 수도 로마
- 인구 약 6,055만 명
- 언어 이탈리아어
- 면적 301,340제곱킬로미터
- 시차 우리나라보다 8시간 늦어.

카카오프렌즈와 이탈리아로 GOGO!

- 지중해 한가운데에 있는 장화 모양의 땅이 바로 이탈리아야.
- 특히 서양 문명의 중심이었던 로마를 빼놓고는 유럽의 역사를 말할 수 없지.
- 기원전 지중해 세계를 통일한 로마제국을 거쳐, 14세기에는 르네상스 문화를 꽃피웠어.
- 덕분에 세계에서 유네스코 문화유산이 가장 많은 나라야.
- 지중해성 기후라 여름에는 건조하고 겨울에는 따뜻해.

지도에서 찾아봐!
✓ 여행 중인 카카오 프렌즈와 아래 전통 의상을 입은 이프, 앵무새, 이프의 물건들을 찾은 다음 빈칸에 V를 그려 봐.

#콜로세움에서

산염소

이탈리아늑대

알프스마못 알프스 고산지대에 사는 다람쥣과 동물

알파인스키

밀라노

오페라는 이탈리아에서 생겨나 발달한 종합 무대 예술이야.

오페라

스칼라극장 베르디의 오페라가 처음 공연된 곳

포강

밀라노 대성당

제노바

친퀘테라는 바닷가 절벽을 따라 5개의 아름다운 마을이 이어져 있어.

토가 고대 로마인들의 기본 복장인 튜니카 위에 걸치는 겉옷

카타콤 초기 그리스도교인들의 비밀 지하 묘지 겸 피난처

친퀘테레

토마토

캐모마일

이게 이탈리아의 전통 의상!

피사의 사탑

키오자비트 이탈리아가 원산지인 뿌리 식물

모자이크

유리공예

도미

사르데냐섬

노랑촉수 지중해 지역에서 즐겨 먹는 물고기

가리비

팔리오 축제 매년 여름에 시에나 캄포 광장에서 열리는 전통 축제

이건 어느 나라 바지일까?

암벽 등반

레오나르도 다빈치 르네상스 시대를 대표하는 천재적인 화가, 조각가, 발명가

알리기에리 단테 《신곡》을 써 르네상스 시대를 연 시인

미켈란젤로 다비드 상과 〈천지창조〉로 유명한 화가 겸 조각가

갈릴레오 갈릴레이 직접 만든 망원경으로 지동설을 주장한 천문학자

주세페 베르디 이탈리아 오페라를 대표하는 작곡가

자코모 푸치니 베르디에 이어 이탈리아 오페라를 발전시킨 작곡가

로마자 로마에 의해 유럽 여러 나라로 전파된 문자

스페인

Hola! [올라]

유럽

- 수도: 마드리드
- 언어: 스페인어
- 인구: 약 4,674만 명
- 면적: 505,935제곱킬로미터
- 시차: 우리나라보다 8시간 늦어.

카카오프렌즈와 스페인으로 GOGO!

- 스페인은 에스파냐의 영어 이름이야. 그러니까 에스파냐와 스페인은 같은 나라라고.
- 15~17세기에는 세계 곳곳에 식민지를 가진 큰 제국이었어.
- 전국의 3분의 1 정도가 산지인데, 유럽에서는 스위스 다음으로 지형이 높아.
- '정열의 나라'라는 별명답게 플라멩코 같은 춤과 재미있는 축제가 발달했지.
- 오후 2시부터 4시까지는 휴식 시간인 '시에스타'라는 걸 잊지 마!

#사그라다 파밀리아 성당에서

지도에서 찾아봐!

여행 중인 카카오프렌즈와 아래 전통 의상을 입은 이프, 앵무새, 이프의 물건들을 찾은 다음 빈칸에 V를 그려 봐.

칸타브리아산맥 — 프랑스와의 경계에 걸쳐 있는 약 800킬로미터의 길이야.

알타미라 동굴벽화 — 세계에서 가장 오래된 동굴벽화

산티아고 순례길 / 산티아고

조로 — 정의를 위해 싸우는 소설 속 영웅

전통 집

레온 / **철도**

농업 — 오렌지, 포도 등을 수출함.

디에고 벨라스케스 — 17세기 스페인의 궁정화가

파블로 피카소 — 〈게르니카〉, 〈아비뇽의 처녀들〉 등을 그린 세계적인 화가

투우 — 스페인의 전통 오락인 소싸움

올리브나무

올리브유

스페인 고추 — 덜 맵고 달콤한 향이 남.

서양물푸레나무

이게 스페인 전통 의상이야.

타호강 / **에브로강**

안토니 가우디 — 대담하고 다채로운 형식의 건축물을 남긴 천재 건축가

바질

머스캣 — 유럽이 원산지인 포도 종류

세비야 대성당과 히랄다 탑 — 콜럼버스의 관이 있는 성당

디즈니 만화 〈백설공주〉 속 궁전의 모델이 될 만큼 아름다운 성이야.

알카사르

프란시스코 고야 — 사회 풍자와 인간 내면을 주로 그린 궁정화가

나무로 만든 거대한 버섯 모양의 건축물이야. 박물관, 전망대, 상점 등으로 쓰이지.

메트로폴 파라솔 / 세비야

과달키비르강

메스키타 사원 / **코르도바**

미겔 데 세르반테스 — 최초의 근대 소설인 《돈키호테》를 쓴 작가

론다 — 절벽 위에 세워진 하얀 도시 / **말라가**

만틸라 — 스페인 여성들이 의례적으로 머리에 쓰는 베일이나 스카프

대서양 / **지브롤터해협**

축구

카나리아제도

테이데 국립공원

이집트

السلام عليكم!
[앗살라무알라이쿰]

아프리카

- 수도 카이로
- 언어 아랍어
- 인구 약 1억 39만 명
- 면적 1,001,450제곱킬로미터
- 시차 우리나라보다 7시간 늦어.

카카오프렌즈와 이집트로 GOGO!

- 이집트는 사막을 가로지르는 나일강을 중심으로 고대 문명이 발달한 나라야.
- 오늘날에도 아랍과 중동 지역의 중심 국가지.
- 국토의 대부분이 사막이라서 사람들은 주로 나일강 주변에 모여 살아.
- 이집트는 휴일이 금요일과 토요일이래. 특이하지?
- 계절이 여름과 겨울, 둘로 나뉘어. 건조하고 기온이 높아 몇 년째 비가 오지 않는 곳도 있어.

지도에서 찾아봐!

✓ 여행 중인 카카오 프렌즈와 아래 전통 의상을 입은 이프, 앵무새, 이프의 물건들을 찾은 다음 빈칸에 V를 그려 봐.

#기자 피라미드군에서

지중해

- 홍학
- 모래고양이
- 쇠똥구리
- 단봉낙타 혹이 하나인 낙타
- 아가마도마뱀

이집트콩 수프나 소스를 만들 때 쓰며 '병아리콩'이라고도 함.

타히니 빵이나 샐러드에 곁들이는 참깨 소스

에이시 이집트에서 주식으로 먹는 속이 빈 빵

샤이 이집트에서 즐겨 마시는 홍차로 설탕이나 민트 잎을 넣어 먹기도 함.

고대 이집트에는 사물의 모양을 본떠 만든 상형문자가 있었어. 로제타석은 그 문자 해독의 열쇠가 되었지.

로제타석

코샤리 밥이나 면 위에 콩과 매콤한 소스를 얹어 먹는 음식

토르시 소금에 절인 채소 요리

까흐와 이집트식 커피

피쉬크 소금에 절인 생선 요리

시시 케밥 향신료에 절인 양고기 꼬치구이

신전, 왕궁, 무덤 등에서 발견되는 거대한 조각상으로 머리는 사람이고 몸통은 사자야.

스핑크스

파피루스 고대 이집트에서 종이를 만든 원료 식물 또는 그 종이

타미야 콩과 채소를 갈아 튀긴 음식

클레오파트라 7세 이집트 역사상 마지막 파라오. '파라오'는 왕을 뜻함.

람세스 2세 고대 이집트의 전성기를 이끌었던 파라오

무지개색 가발도 잘 어울리지?

히잡 이슬람 여성들이 머리와 목 등을 가리기 위해 사용하는 천

소를 이용해 밀 농사를 짓는 모습, 밀가루를 발효시켜 빵을 만들어 먹는 모습을 볼 수 있어.

고대 이집트 벽화

이집트의 신

로인클로스 이집트의 전통 옷으로 허리에 넓게 두르는 천

세상을 만든 태양신, **라**

죽음과 부활의 신, **오시리스**

다산과 풍요의 신, **이시스**

파라오를 보호하는 하늘의 신, **호루스**

사막과 어둠의 신, **세트**

탄자니아

아프리카

Jambo! [잠보]

수도 도도마

언어 스와힐리어, 영어

인구 약 5,801만 명

면적 947,300제곱킬로미터

시차 우리나라보다 6시간 늦어.

카카오프렌즈와 탄자니아로 GOGO!

- 탄자니아는 탕가니카 공화국과 잔지바르 공화국이 합쳐져 만들어진 나라야.
- 사바나는 '나무가 없는 평야'라는 뜻인데, 탄자니아의 사바나가 제일 넓고 유명해.
- 탄자니아의 수도는 1996년에 다르에스살람에서 도도마로 바뀌었어.
- 탄자니아에는 킬리만자로산을 비롯해 해발 4천 미터 이상인 높은 산이 많아.
- 탄자니아의 계절은 건기와 우기로 뚜렷이 나뉘어.

#세렝게티 국립공원에서

지도에서 찾아봐!

✓ 여행 중인 카카오 프렌즈와 아래 전통 의상을 입은 어피치, 앵무새, 어피치의 물건들을 찾은 다음 빈칸에 V를 그려 봐.

줄리어스 니에레레
탄자니아의 초대 대통령
기린
빅토리아호
나일퍼치
므완자
다이아몬드 플랫넘즈
탄자니아의 전통음악을 바탕으로 한 노래를 부르는 가수
침팬지
구트라를 어느 나라에서 썼더라?
사자
하마
카라칼
키고마
타보라
아프리카에 널리 퍼져 있는 흡혈 파리인데, 수면병을 전염시키기 때문에 물리면 죽을 수도 있대.
누
체체파리
얼룩말
탕가니카호
아프리카코끼리
점박이하이에나
루크와호 소금 호수
치타
코라
아프리카의 현악기
젬베
아프리카의 타악기
흰개미 집
흰개미가 갉아 낸 나무에 진흙과 배설물을 섞어 기둥과 같이 만든 집
검은코뿔소
음베야
커피
옥수수가루를 반죽해 만드는 탄자니아의 주식인데, 둥글게 뭉쳐서 고기와 채소를 곁들여 먹어.
만다지
탄자니아에서 즐겨 먹는 도넛
음샤카키
바나나 튀김
마콘데족의 가면
타이어 신발
폐타이어를 재활용하여 만든 신발
수쿠마 위키
케일 볶음
칩시마아이
감자에 달걀을 풀어 만든 음식
우갈리

동아프리카 미술을 대표하는 마콘데족의 조각품인데, 흑단 나무를 깎아서 만들어.
우자마
여러 사람이 함께 어우러진 형상의 조각
마콘데 조각

남아프리카 공화국

Hello! [헬로]

아프리카

수도 프리토리아, 케이프타운, 블룸폰테인
언어 영어, 아프리칸스어, 줄루어 **인구** 약 5,856만 명
면적 1,219,090제곱킬로미터 **시차** 우리나라보다 7시간 늦어.

카카오프렌즈와 남아프리카 공화국으로 GOGO!

- 남아프리카 공화국은 아프리카 대륙에서 가장 남쪽에 있는 나라야.
- 많은 인종과 부족이 한데 섞여 있는 만큼 문화도 아주 다양해.
- 수도도 세 곳이나 돼. 행정 수도는 프리토리아, 입법 수도는 케이프타운, 사법 수도는 블룸폰테인!
- '아파르트헤이트'라는 인종차별 정책으로 흑인들이 오랫동안 불편을 겪어야 했지.
- 계절이 우리나라와 반대라는 걸 알아 둬.

📍 지도에서 찾아봐!

✓ 여행 중인 카카오 프렌즈와 아래 전통 의상을 입은 이프, 앵무새, 이프의 물건들을 찾은 다음 빈칸에 V를 그려 봐.

#크루거 국립공원에서

이게 바로 남아프리카 공화국의 전통 의상!

흰코뿔소

스프링복

꿀점테양조

남아프리카큰점박이제넷고양이

개코원숭이

케이프회색몽구스

케이프독수리

슈빌 습지에 사는 대형 넓적부리황새

미어캣

청두루미 남아프리카 공화국의 나라새

인류 화석

리본 달린 치마와는 안 어울리나?

은데벨레족의 집과 인형 '아프리카의 피카소족'으로도 불리는 은데벨레족은 화려한 색채를 좋아함.

포도주

양모

구멍 뚫린 조개 인류 최초의 장신구로 추정되는 유물

코사족의 집

어핑턴

동물을 사냥하고 열매를 따 먹으며 사는 부족으로 '부시맨'이라고도 불러.

산족

바다낚시

루이보스차

케이프타운에 있는 축구 경기장인데 2010년 월드컵 때 공식 경기장으로 사용되었어.

자유의 기념관 인종차별 정책에 반대하는 흑인들을 가두었던 로벤섬의 감옥으로 현재는 기념관으로 사용

그린 포인트 스타디움

캐슬 오브 굿 호프 남아프리카에서 가장 오래된 식민지 건물

커스텐보쉬 식물원

테이블산

제라늄

가든 루트 아프리카 대륙 남단을 따라 펼쳐지는 아름다운 길

★ 케이프타운

대 서 양

백상아리 체험

물개섬 물개 4천~6천 마리가 모여 사는 곳

희망봉 등대

희망봉 포르투갈의 항해가 바르톨로메우 디아스가 발견한 곳으로 '케이프 포인트'라고도 함.

68

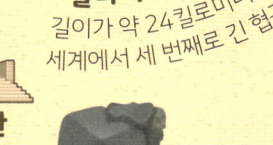

버니차우 빵의 속을 파내고 고기 카레를 넣은 음식

사이다 사과를 발효시켜 만든 알코올이 포함된 탄산 음료

포이키코스 무쇠 솥으로 오래 익힌 음식

보보티 양념한 다진 고기에 달걀 토핑을 올린 음식

야외에서 장작을 피워 고기를 굽는 바비큐 요리야. 육류가 풍부한 남아프리카 공화국에서 쉽게 접할 수 있는 음식이지.

쿡시스터 후식으로 먹는 꽈배기

마푼구베 문화경관 마푼구베 왕국이 있었던 곳

남아프리카 공화국에서 가장 큰 국립공원이야 세계적으로 유명한 곳이지.

브라이

빌통 육포와 비슷함.

유니언 빌딩 정부 청사와 대통령 집무실이 있는 곳

크루거 국립공원

염소젖 치즈

사막 한가운데에 있는 인공 휴양 도시로 '아프리카의 라스베이거스'로 불려.

블라이드강 협곡 길이가 약 24킬로미터인 세계에서 세 번째로 긴 협곡

필라네스버그 국립공원

선시티

볼트레커 기념관 남아프리카로 이주한 백인 개척자를 기념하기 위해 세운 곳

★ **프리토리아**

우라늄 광석

금

스쿼시

킴벌리에서 다이아몬드가 발견되자 채굴꾼들이 몰려들어 곡괭이와 삽으로 판 세계 최대 크기의 구멍이야.

과거 백인용과 흑인용 문까지 따로 두었던 인종차별 정책의 역사를 반성하기 위해 만든 곳이야.

요하네스버그

골드 리프 시티 1890년대 금광촌의 모습을 재현한 테마파크

발강

다이아몬드

아파르트헤이트 박물관

로열나탈 국립공원 아프리카에서 가장 높은 폭포인 투겔라 폭포가 있음.

번지 점프

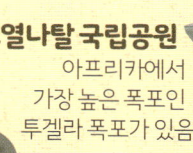

킴벌리 빅 홀

브레드포트 돔 지구에서 가장 큰 운석 충돌 흔적

철광석

전복

오렌지강

투겔라강

블루 트레인 고급 호텔만큼 호화로우며 16세 이상만 탈 수 있는 열차

★ **블룸폰테인**

바즈 버스 케이프타운, 요하네스버그 등 주요 도시를 잇는 미니버스

마세루

레소토 남아프리카 공화국에 둘러싸인 내륙 국가

더반

스쿠버다이빙

전통 의상

킹프로테아 남아프리카 공화국의 나라꽃

자카란다 난대 지역에서 주로 가로수나 정원수로 쓰이는 식물

바소토족 태어날 때 선물받은 담요를 평생 사용함.

드라켄즈버그산맥

퀸스타운

움타타

줄루족 아프리카 원주민의 하나로 매우 용맹함.

미리엄 마케바 가수이자 인권 운동가

알로에

옥수수

보퍼트웨스트

아도 코끼리 국립공원 멸종위기에 처한 11마리의 코끼리를 보호하기 위해 만든 곳

재칼푸드

바오바브나무

포트엘리자베스

인도양

두동가리돔

넬슨 만델라 인권 운동가이자 남아프리카 공화국 최초의 흑인 대통령

네이딘 고디머 남아프리카 공화국 문학계의 거장으로 1991년 노벨 문학상 수상

데즈먼드 투투 1984년 노벨 평화상을 수상한 성공회 대주교

나이스나

흑범고래

자카스펭귄

69

캐나다

북아메리카

🇨🇦

Hi! [하이]

- 수도 오타와
- 언어 영어, 프랑스어
- 인구 약 3,741만 명
- 면적 9,984,670제곱킬로미터
- 시차 우리나라보다 14시간 늦어.

카카오프렌즈와 캐나다로 GOGO!

- 캐나다는 러시아에 이어 세계에서 두 번째로 넓은 나라야. 북아메리카 면적의 3분의 1을 차지해.
- 원주민과 다른 나라에서 온 이민자가 조각조각 모여 독특한 문화를 이루고 있지.
- 캐나다와 미국 사이에는 6,416킬로미터에 달하는 세계에서 가장 긴 국경이 있어. 여권만 있으면 쉽게 국경을 넘을 수 있지.
- 국토가 넓은 만큼 지역별로 시간대가 달라.

#캐나다 연방의회에서

📍 지도에서 찾아봐!

✓ 여행 중인 카카오 프렌즈와 아래 전통 의상을 입은 이프, 앵무새, 이프의 물건들을 찾은 다음 빈칸에 V를 그려 봐.

무스 '말코손바닥사슴'이라고도 함.

큰뿔야생양

북극곰

일각돌고래

보브캣

캐나다기러기

비버 캐나다를 대표하는 동물

사향소

넙치

피셔

하프물범

토템 기둥 북아메리카 원주민들이 세운 것으로 우리나라의 장승과 비슷함.

아메리카흑곰

로건산 해발 5,959미터로 캐나다에서 가장 높은 산

마일스 캐니언

원유

그레이트베어호

옐로나이프 오로라를 가장 잘 볼 수 있는 곳

그레이트슬레이브호

요호 국립공원 에메랄드호와 태커코 폭포가 유명함.

재스퍼 트램웨이 로키산맥의 휘슬러산을 내려다볼 수 있는 케이블카

후두스 신기한 모양의 바위 기둥

털모자를 쓰니 따뜻해.

에드먼턴

밴쿠버

빅토리아주 의사당 밴쿠버 중심가에 있는 개성 있는 상점가로 관광객에게 인기야.

캘거리

앨버타 주립 공룡 공원

낚시, 스키, 야영 같은 다양한 활동을 즐길 수 있어.

그랜빌 아일랜드

개스타운 증기 시계 15분마다 한 번씩 증기를 뿜는 시계

밴프 국립공원

국립 문명 박물관

캐나다 플레이스 돛의 모습을 본떠 만든 건물

캐필라노 현수교 캐필라노 협곡에 놓인 100미터가 넘는 길이의 출렁다리야.

라이언스게이트 다리 캐나다에서 가장 길고 아름다운 다리

존 맥도널드 캐나다 발전의 기초를 닦은 초대 총리

에밀리 카 울창한 숲, 원주민들의 삶 등을 그린 화가

테리 폭스 운동선수이자 암 연구 활동가

루시 모드 몽고메리 《빨강머리 앤》을 쓴 소설가

노먼 베순 세계 최초로 이동 수혈 진료소를 만든 의사

70

미국

Hello! [헬로]

북아메리카

- 수도: 워싱턴 D.C.
- 언어: 영어
- 인구: 약 3억 2,906만 명
- 면적: 9,831,510제곱킬로미터
- 시차: 우리나라보다 14시간 늦어.

카카오프렌즈와 미국으로 GOGO!

- 북아메리카 한가운데에 자리한 미국은 전 세계에서 온 이민자들의 나라야.
- 독자적인 헌법과 정부를 가진 50개의 주로 구성되어 있는데, 주마다 중심 도시인 주도가 있어.
- 땅이 넓어서 동쪽 끝과 서쪽 끝의 시차가 3시간이나 돼.
- 평원, 사막, 숲 그리고 도로, 자동차, 집까지 뭐든지 큰 나라야. 경제 규모도 세계 1위!
- 뉴욕, 로스앤젤레스, 샌프란시스코처럼 특색 있는 도시도 놓치지 마.

#자유의 여신상 앞에서

지도에서 찾아봐!

여행 중인 카카오 프렌즈와 아래 전통 의상을 입은 이프, 앵무새, 이프의 물건들을 찾은 다음 빈칸에 V를 그려 봐.

독립기념일
July 4
영국으로부터 독립한 1776년 7월 4일을 기념하는 날

코요테

흑호두나무

유카

면화 솜을 얻는 식물

미국삼나무 '레드우드'라고도 하며 세계에서 가장 높이 자라는 나무

흰머리수리 미국의 나라새

스페이스 니들 시애틀의 상징

덕투어 육지와 강을 오가는 버스

●시애틀
●포틀랜드

태평양

요세미티 국립공원 최고의 자연 학습 장소로 손꼽히는 곳

조슈아나무

옐로스톤 국립공원 세계에서 처음으로 지정된 국립공원

그레이트호

샌프란시스코 케이블카

금문교

●샌프란시스코

데스밸리 풍경이 다채롭고 멋지지만, 지구상에서 가장 덥고 건조해서 '죽음의 골짜기'로 불려.

아치스 국립공원

●라스베이거스 네바다주 사막의 관광 도시

앤텔로프 캐니언 신비로운 색을 띠는 붉은 사암 계곡

●로스앤젤레스

HOLLYWOOD

할리우드 미국 영화의 중심지

●샌디에이고

로키산맥

그랜드캐니언 수십억 년의 역사를 지닌 거대한 계곡

미국 국기 '성조기'로도 부르며 빨간색과 하얀색 줄은 건국 초기의 13개 주를, 별은 현재의 50개 주를 뜻함.

후버댐 미국 최대 규모의 댐

칼즈배드 동굴 국립공원 수십만 마리의 박쥐를 볼 수 있는 공원

큰돌고래

카우보이 부츠 대신 노란 고무장화!

ROUTE 66
66번 국도 미국 최초의 대륙 횡단 도로

알래스카

디날리산 북아메리카에서 가장 높은 산

요건 독일의 전통 의상인 레더호젠!

원유 파이프라인 북극해에서 생산된 원유를 실어 나르는 거대한 관

청바지

하와이제도

미국의 50개 주 가운데 가장 남쪽에 있는 곳으로 원주민의 고유한 문화를 간직하고 있어.

파인애플

하와이 화산 국립공원

크레이지 호스 — 인디언의 권리를 지키고자 노력한 지도자

조지 워싱턴 — 독립 전쟁을 승리로 이끈 미국의 초대 대통령

포카혼타스 — 원주민과 영국인 사이의 평화 유지에 힘쓴 인디언

마크 트웨인 — 《톰 소여의 모험》을 쓴 미국의 대표적인 소설가

마틴 루서 킹 — 노벨 평화상을 수상한 흑인 인권 운동가

앤디 워홀 — 미국 팝아트를 대표하는 화가

토머스 에디슨 — 백열전구, 축음기를 만든 미국의 발명가

자동차

클램 차우더 — 조갯살이 들어간 미국식 수프

브로드웨이 — 〈라이온 킹〉, 〈위키드〉 같은 유명 뮤지컬을 공연하는 뉴욕의 극장가를 말해

러시모어산 조각 기념물 — 미국의 위대한 대통령 4명의 얼굴이 새겨져 있음.

타임스 스퀘어 — 뉴욕 중심부에서 가장 번화한 곳

엠파이어 스테이트 빌딩 — 맨해튼에 있는 초고층 빌딩

필그림 파더스 — 1620년경 유럽에서 종교의 자유를 찾아 온 이민자들

추수감사절 — 미국에 온 청교도들이 농작물 수확을 기념한 데서 유래한 명절

슈피리어호

옥수수

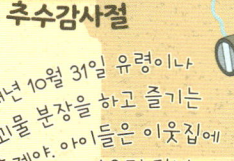

핼러윈 — 매년 10월 31일 유령이나 괴물 분장을 하고 즐기는 축제야. 아이들은 이웃집에 사탕을 얻으러 다녀.

픽업트럭

미시간호

온타리오호

이리호

시카고

밀레니엄 공원 — 2004년 시카고 중심가에 세워진 공원

목재

자유의 여신상 — 독립 선언 100주년을 기념해 뉴욕항에 세워진 미국의 상징

보스턴

뉴욕

필라델피아

브루클린 다리

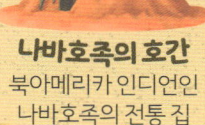

메사 베르데 — 절벽을 깎아 만든 고대 인디언 마을 유적지

나바호족의 호간 — 북아메리카 인디언인 나바호족의 전통 집

세인트루이스

햄프셔 — 미국 켄터키주가 원산지인 돼지 품종

매머드 동굴 국립공원 — 세계 최대 길이의 석회암 동굴

로키산맥

애팔래치아산맥

워싱턴 D.C.

미국 독립기념관

백악관

한국전 참전 용사비 — 미국의 한국전 참전 의미를 되새기기 위한 조형물

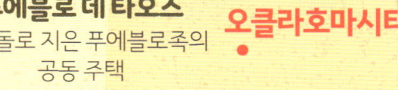
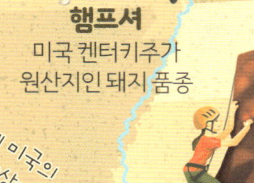

푸에블로 데 타오스 — 흙벽돌로 지은 푸에블로족의 공동 주택

오클라호마시티

유에프오 — 뉴멕시코주 로스웰에는 외계인이 탄 유에프오가 추락했다는 이야기가 있어.

이게 미국의 전통 의상이야.

목축

암벽 등반

애틀랜타

링컨 기념관

스미스소니언 국립 자연사박물관

오스틴

미국 항공 우주국 — 미국의 우주 개발을 담당하는 정부 기관으로 '나사(NASA)'라고 부름.

리오그란데강

미시시피강

플로리다반도

아메리칸 인디언

홍학

올랜도

월트 디즈니 월드 — 세계에서 가장 큰 테마파크

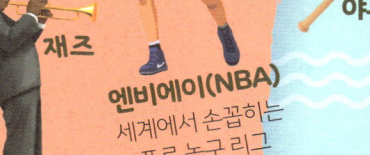

미식축구

엔비에이(NBA) — 세계에서 손꼽히는 프로 농구 리그

재즈

야구용품

증기선

멕시코만

필리 치즈 스테이크 — 빵 사이에 고기와 치즈를 넣어 먹는 음식

소울푸드 — 남부 지역에 살던 흑인들의 전통 요리로 바비큐, 프라이드치킨 등이 대표적이야.

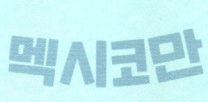

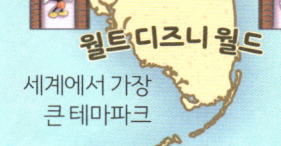

코믹콘 인터내셔널 — 매년 7~8월경 샌디에이고에서 열리는 국제 만화 박람회

시카고식 피자 — 깊숙하게 만든 반죽에 토핑을 듬뿍 얹은 피자

햄버거

브레드 볼 수프 — 둥근 빵 안에 담아 먹는 수프

던지니스 크랩 — 시애틀의 명물인 게 요리

베이글

브런치 — 아침과 점심 사이에 먹는 간단한 식사

캘리포니아 포도주

콜라

대서양

멕시코

Hola! [올라]

북아메리카

- 수도: 멕시코시티
- 언어: 스페인어
- 인구: 약 1억 2,758만 명
- 면적: 1,964,375제곱킬로미터
- 시차: 우리나라보다 15시간 늦어.

카카오프렌즈와 멕시코로 GOGO!

- 멕시코는 오랜 역사를 가진 나라야. 기원전 1500년경 나타난 올메크 문명을 시작으로 마야문명과 톨텍문명 등을 거치며 발전했지.
- 멕시코의 지형은 크게 북부 고원, 중앙 고원, 해안 평야로 나눌 수 있어.
- 수도인 멕시코시티는 세계에서 가장 큰 도시 중 하나야. 멕시코의 정치, 경제, 문화의 중심지이기도 하지.
- 스페인의 식민지였다가 1821년에 독립했어. 그래서 멕시코와 스페인의 문화가 합쳐져 발달한 것도 많아.

#태양의 피라미드에서

지도에서 찾아봐!
여행 중인 카카오 프렌즈와 아래 전통 의상을 입은 이프, 앵무새, 이프의 물건들을 찾은 다음 빈칸에 V를 그려 봐.

스컹크

재규어

거미원숭이 — 마야인이 숭상한 동물

유카탄갈색 마자마사슴

치와와

아르마딜로

멕시코토끼

제왕나비

멕시칼리

라부파도라 — 엄청난 물기둥이 솟아오르는 해안 절벽의 바람구멍

기둥선인장

전통집 — 에르모시요

타란툴라

소노라사막

치와와사막

구리 협곡

백년초 — 약재로 쓰이며 '손바닥선인장'이라고도 함.

나는야 슈퍼맨!

선인장으로 만든 제품들 — 화장품, 오일 등

달리아 — 멕시코의 나라꽃

쿨리아칸

마사틀란

비스카이노 고래 보호 지역 — 겨울에도 바닷물이 따뜻해서 쇠고래들이 몰려드는 곳

태평양

히든 비치 — 경치가 아름다운 마리에타섬의 해변

두꺼운 종이로 만든 모형 안에 과자나 장난감 등을 넣어 막대로 깨뜨리는 전통 놀이야.

피냐타

고추 — 고추는 멕시코가 원산지임.

풀케

용설란 — 용설란의 수액으로 만든 전통 술. 이것을 증류해 독한 술 테킬라를 만듦. 멕시코가 원산지인 다육식물

칠레스 엔 노가다 — 멕시코 국기의 세 가지 색이 들어 있는 요리로 독립 기념일에 먹음.

토르티야에 고기, 토마토, 양파 등을 넣어서 만드는 멕시코식 샌드위치야.

타코

오르차타 — 쌀과 계피로 만든 음료

멕시코식 커피

쇼콜라틀 — 초콜릿의 기원이 된 매운 초콜릿 음료

나초

토르티야 — 멕시코 음식의 기본이 되는 옥수숫가루 빵

타말 — 바나나 잎이나 옥수수 잎으로 말아 찐 옥수숫가루 빵

엘로테 — 버터나 마요네즈를 듬뿍 발라 구운 통옥수수

로스카 데 레예스 — 고리 모양의 달콤한 빵

케사디야 — 토르티야에 볶은 채소, 치즈, 고기를 넣고 구운 음식

타라우마라족 오랫동안 빠르게 달리는 원주민으로 유명함.

에밀리아노 사파타와 판초 비야 멕시코의 토지개혁을 이끈 혁명가들

축구

루차리브레 멕시코식 프로레슬링인데 선수 대부분이 마스크를 쓰고 경기를 해.

하로초 멕시코의 전통춤으로 스페인의 춤과 박자가 비슷함.

옥타비오 파스 노벨 문학상을 받은 멕시코의 시인이자 비평가

치와와 태평양 철도 '엘 체페 열차'라고도 함.

비우엘라 기타를 개량한 멕시코 악기

과달루페 성모 16세기에 멕시코 과달루페에 나타났다는 갈색 피부의 성모마리아

이달고 신부 멕시코의 독립선언을 이끈 성직자

디에고 리베라 노동자와 농민, 멕시코의 풍경을 그린 화가

프리다 칼로 강한 삶의 의지로 육체의 장애를 극복한 화가

베니토 후아레스 멕시코의 첫 원주민 출신 대통령

마리아치 멕시코의 전통 악단

죽은 자들의 날 세상을 떠난 이들의 명복을 비는 명절이야. 해골 분장을 하고, 꽃과 촛불로 무덤을 장식하기도 해.

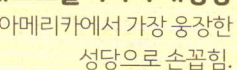

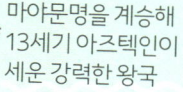

은 광산 **몬테레이**

마야문명 고대 멕시코 및 과테말라를 중심으로 번성한 문명

아스테카왕국 마야문명을 계승해 13세기 아즈텍인이 세운 강력한 왕국

멕시코만

코수멜섬 마야문명 유적이 많은 인기 휴양지

멕시코시티 메트로폴리타나 대성당 아메리카에서 가장 웅장한 성당으로 손꼽힘.

예술 궁전

국립 인류학 박물관

테픽 **차풀테펙 공원** **레온**

과달라하라

차팔라호

대통령궁 멕시코시티 중심의 소칼로 광장에 있는 궁전

탐피코

앙헬탑 멕시코시티에 있는 독립기념탑

태양과 달의 피라미드 멕시코의 대표적인 피라미드

플라야 델 카르멘

메리다

치첸이트사 유적

캄페체

유카탄반도

차크몰상

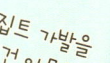

사탕수수

원주민말로는 '연기를 뿜는 산'이라는 뜻의 활화산이야.

발사스강

멕시코시티

오리사바산 해발 5,699미터로 멕시코에서 가장 높은 산

베라크루스

올메크 두상 올메크문명 지도자의 거석 두상으로 현재 미국에 있음.

포포카테페틀산

오악사카

팔렝케 국립공원 마야문명의 각종 유적이 있으며 '울타리로 둘러싸인 성채'라는 뜻을 가졌음.

라칸돈 밀림 마야문명의 유적이 많은 곳

아카풀코

산토 도밍고 교회 오악사카에서 가장 큰 교회

라케브라다 높이 45미터에서 다이빙을 하는 관광 명소

대왕오징어

치남파스 얕은 늪에 촘촘히 말뚝을 박은 후 그 안에 진흙과 수풀을 쌓아 만든 밭

태양의 돌 아즈텍족이 만든 달력

사포딜라 껌을 만드는 원료로 쓰여서 '추잉껌나무'라고도 함.

바닐라 아즈텍인들이 초콜릿 음료에 향을 내는 데 사용한 식물

전통 의상

쿠바

북아메리카

Hola! [올라]

- 수도 아바나
- 언어 스페인어
- 인구 약 1,133만 명
- 면적 109,880제곱킬로미터
- 시차 우리나라보다 14시간 늦어.

카카오프렌즈와 쿠바로 GOGO!

- 쿠바는 사회주의 국가야. 미국과 남아메리카 대륙 사이에 있어서 '아메리카 대륙의 열쇠'로도 불리지.
- 쿠바라는 이름은 원주민의 말 '쿠바오'에서 비롯되었는데, 과일이 풍부하고 기름진 땅이라는 뜻이야.
- 쿠바는 새로운 항로를 개척하던 콜럼버스에 의해 서양에 알려졌어.
- 공동체를 중요하게 여기는 쿠바인들은 외국인들에게도 친절해.

#아바나 혁명 박물관에서

지도에서 찾아봐!

여행 중인 카카오프렌즈와 아래 전통 의상을 입은 이프, 앵무새, 이프의 물건들을 찾은 다음 빈칸에 V를 그려 봐.

말레콘 방파제 — 노을이 아름다운 아바나의 대표 명소

헤밍웨이 박물관 — 헤밍웨이가 생전에 살았던 집을 박물관으로 만든 곳

폭사 빌딩 — 쿠바에서 가장 높은 건물

모로성 — 해적을 막기 위해 아바나에 세운 아름다운 요새

아바나 대성당 — 국립 기념관으로 지정된 바로크양식 건축물

무랄 데 라 프레이스토리아 — 1960년대에 카스트로의 지시로 절벽에 그린 거대한 벽화야.

아르마스 광장 — 건설된 지 400년이 넘은 아바나 시민들의 휴식처

비날레스 계곡 — 원뿔 모양의 석회암 언덕이 널리 분포한 비옥한 골짜기

산토토마스 동굴

아바나 혁명 박물관 — 쿠바의 역사를 알 수 있는 곳 (이게 쿠바의 전통 의상이야.)

아바나 그래픽 실험실 — 현대 쿠바 미술을 대표하는 작업실

멕시코만

아바나 ★ 마탄사스

향유고래

프렌치엔젤

다랑어 — 참치라고도 함.

만타가오리

왕새우

쿠바식 커피 — 캐러멜 맛이 나는 진한 에스프레소

럼주 — 사탕수수나 당밀의 즙을 발효시켜서 만든 술

피카디요 — 잘게 썬 고기와 토마토를 졸여서 만든 음식

빵 사이에 고기나 햄, 치즈를 넣어 구운 샌드위치로 채소는 넣지 않아.

코펠리아 아이스크림 — 쿠바 사람들이 즐겨 먹는 간식

모로스 이 크리스티아노스 — 검은콩과 흰쌀을 넣어 지은 쿠바식 콩밥

프라타노 — 바나나 튀김

로파비에하 — 소고기 스튜로 쿠바의 국민 음식

검은콩 수프

모히토 — 럼주에 레몬이나 라임 주스를 첨가한 칵테일

랑고스타 — 쿠바식 바닷가재 요리

쿠바식 샌드위치

아로스 콘 포요 — 양념한 밥과 닭고기 요리

브라질

Olá! [올라]

남아메리카

- 수도: 브라질리아
- 언어: 포르투갈어
- 인구: 약 2억 1,105만 명
- 면적: 8,515,770제곱킬로미터
- 시차: 우리나라보다 12시간 늦어.

카카오프렌즈와 브라질로 GOGO!

- 남아메리카 대륙의 가운데에 위치한 브라질은 러시아, 캐나다, 미국, 중국에 이어 세계에서 다섯 번째로 큰 나라야.
- 수도 브라질리아를 하늘에서 보면 거대한 제트기 모양을 하고 있어. '파일럿 플랜'이라는 도시계획에 따라 만들어졌기 때문이야.
- 브라질은 세계 최대의 농산물 생산국이야. 특히 전 세계 커피의 절반가량을 브라질에서 생산하지.
- 사탕수수 재배를 위해 브라질에 끌려온 아프리카 흑인 노예들의 춤에서 국민 춤인 삼바가 발전했대.

지도에서 찾아봐!

여행 중인 카카오프렌즈와 아래 전통 의상을 입은 이프, 앵무새, 이프의 물건들을 찾은 다음 빈칸에 V를 그려 봐.

#코르코바두 언덕의 예수상 앞에서

전통 의상

과라나 — 사람의 눈처럼 생긴 과일이라는 뜻으로 '와라나'라고도 함.

베고니아

브라질그라칠레주머니쥐

캐슈너트

이게 브라질 전통 의상이야.

피코 다 네블리나산 — 해발 2,994미터로 브라질과 베네수엘라 국경에 있는 산

안경카이만

아마존빅토리아수련 — 아마존에 사는 거대한 연꽃

아마조나스 극장 — 아마존 밀림 부근의 도시 마나우스에 있는 화려한 오페라 극장이야.

조에족 — 아마존에 사는 부족으로, 턱에 뿔 모양 장식인 뽀뚜루를 끼는 것이 특징

철광석

파리지옥 — 곤충을 잡아먹는 식충식물

아마존강돌고래 — 아마존강에 사는 분홍돌고래

사탕수수

말로까 — 나무와 나뭇잎으로 촘촘하게 지은 원주민의 전통 집

재규어

야노마미족 — 아마존에 사는 부족으로, 여자들이 코와 뺨을 가는 대나무 막대로 장식하는 것이 특징

레아 — 남아메리카에 사는 새들 중 몸집이 가장 크며 '아메리카타조'라고도 함.

카틀레야 — 브라질의 나라꽃

나의 라임 오렌지 나무 — 브라질의 국민 작가 J.M.데 바스콘셀로스가 쓴 성장소설

카바사 — 브라질의 전통 리듬 악기

엠파다 — 브라질의 대표적인 파이

카이피리냐 — 사탕수수로 만든 술에 레몬즙, 설탕, 얼음을 넣은 칵테일

타피오카 — 카사바의 뿌리에서 채취한 식용 녹말

커피

페이조아다 — 검은콩과 돼지의 여러 부위를 넣고 푹 삶은 스튜로 브라질에서 즐겨 먹는 음식이야.

파스테우 — 다양한 속 재료를 넣은 튀김 만두

슈하스코 — 브라질식 숯불 꼬치구이

내가 봐도 정말 옷이 비슷한 것 같아!

타카카 — 카사바 가루를 물에 풀고 말린 새우, 고추 등을 넣어 걸쭉하게 끓인 수프

브리가데이로 — 브라질을 대표하는 초콜릿 과자

태평양

다양한 인종 — 백인, 흑인, 원주민 등 여러 인종이 어울려 살아감.

헤쿠헤쿠 — 개구리 울음소리와 비슷한 소리를 내는 악기

판데이루 — 브라질 탬버린

칠레

Hola! [올라]

- 수도 산티아고
- 언어 스페인어
- 인구 약 1,895만 명
- 면적 756,700제곱킬로미터
- 시차 우리나라보다 13시간 늦어.

남아메리카

카카오프렌즈와 칠레로 GOGO!

- 칠레는 세계에서 남북으로 가장 긴 나라야. 목도 좁지만, 길이가 길어서 사막부터 빙하까지 기후가 무척 다양해.
- 칠레의 아르헨티나 사이에는 안데스산맥이 길게 뻗어 있지.
- 안데스는 잉카어로 구리를 뜻해. 칠레에는 세계 최대의 구리 광산이 있거든.
- 칠레의 중앙부에는 정치, 산업, 문화의 중심지이자 수도 산티아고가 있어. 날씨가 온화해 칠레 인구의 3분의 1이 이곳에 살아.
- 남쪽 끝인 파타고니아 지역에 가면 때 묻지 않은 아름다운 자연을 만날 수 있어. 이 지역은 남극으로 가는 관문이기도 해.

아타카마 사막

- **소금 호수** — 아타카마 곳곳에 있는 호수
- **알파카** — 마주 대해 닿으면 안 되는 동물
- **품파라 유적** — 잉카제국 이전의 유적으로 돌을 쌓아 올린 집의 형태가 남아 있음
- **아타카마의 거인** — 사막 한가운데 커다란 지상그림
- **엘타티오** — 해발 4,200미터에 위치한 간헐천
- **달의 계곡** — 아타카마 사막에 있어 달의 표면과 같은 풍경을 볼 수 있어. 달의 표면 같은 모습이야.
- **아타카마 마라톤 대회**
- **신세뇨라 성당** — 돌을 쌓아 만드는 안데스 양식으로 지어진 건물
- **안데스콘도르**
- **안데스 콜롬비아 예술박물관** — 칠레 원주민의 역사와 문화를 볼 수 있는 곳
- **비쿠냐**
- **산크리스토발 언덕**
- **포니쿨라**
- **모네다 궁전** — 산티아고에 있는 대통령궁. 1973년 아옌데 대통령 축출로 많은 사람이 죽었어.
- **산티아고 대성당**

안데스산맥

- 아리카
- 칠레소나무
- 라세레나
- 발파라이소 ★ 산티아고
- 랑카과

태평양

- **다우카 국립공원** — 재규어, 불곰 등 다양한 동물이 있는 공원
- **샌드보딩** — 가파른 모래 언덕에서 보드를 타고 즐기는 스포츠
- **아타카마사막의 손** — 칠레 시멘트로 만들어진 11미터 높이의 조각상
- **파포드타다** — 바닷가에 있는 거대한 아치 모양의 바위
- **꽃시계**
- **로빈슨 크루소 섬** — 소설 《로빈슨 크루소》의 배경이 된 섬
- **후앙조** — 칠레의 목동
- **추바야** — 칠레의 전통 모자
- **로데오 경기** — 말을 탄 후아소 두 명이 목재 지원으로 소를 모는 전통 스포츠
- **쿠에카** — 손수건을 흔들며 사랑을 속삭이는 칠레의 전통 춤
- **파라세일링** — 모터보트에 연결된 낙하산을 타고 즐기는 바다 스포츠
- **라시아 전문대**
- **발파라이소 언덕** — 가파른 비탈에 알록달록한 집들이 모여 있는 곳
- **포랑부도** — 칠레 최대의 항구도시인 발파라이소의 대표적인 부두
- **마이포 밸리**
- **후안페르난데스 제도**

#모아이 앞에서

오스트레일리아

오세아니아

Hello!
[헬로]

- 수도 캔버라
- 언어 영어
- 인구 약 2,520만 명
- 면적 7,741,220제곱킬로미터
- 시차 우리나라보다 1시간 빨라.

카카오프렌즈와 오스트레일리아로 GOGO!

- 오스트레일리아는 오세아니아 대륙에서 가장 큰 나라야.
- 인구의 대부분이 사막을 피해 해안 지대에 살아.
- 날씨가 좋으면 전 국민이 해변으로 향한다는 말이 있을 만큼 다양한 해양 스포츠가 발달했어.
- 캥거루, 코알라처럼 세계적으로 특색 있는 동물들이 많이 살지.
- 남반구에 있어서 여름이 12~3월이라 크리스마스도 여름철이야.

📍 지도에서 찾아봐!

✓ 여행 중인 카카오프렌즈와 아래 전통 의상을 입힌 이프, 앵무새, 이프의 물건들을 찾은 다음 빈칸에 V를 그려 봐.

#울루루 바위 앞에서

메리 길모어 자연과 사람들에 대한 애정을 노래한 시인

패트릭 화이트 《폭풍의 눈》으로 노벨 문학상을 수상한 소설가

드리자본 코트 사막에서 말을 타고 소떼를 몰 때 입던 코트

오스트레일리아의 전통 의상인 드리자본 코트야.

오스트레일리아 사다새

웜뱃

에뮤

크리켓

캠핑

오리너구리

디저리두 오스트레일리아 원주민들이 사용하던 전통 관악기

양

소고기 세계에서 손꼽히는 소고기 수출국

멍키미아 야생 돌고래에게 직접 먹이를 줄 수 있는 곳

그레이트빅토리아사막 모래언덕과 평원으로 이루어져 있는 사막

이 옷은 토브! 어느 나라 옷이지?

퍼스

스완 벨 타워 18개의 종이 설치된 건축물

높이 15미터, 길이 110미터인 거대한 물결 모양의 암석이라니!

웨이브 록

크리스마스 크리스마스가 여름철이라 반팔 옷을 입은 산타클로스를 볼 수 있음.

인 도 양

래밍턴 케이크 초콜릿과 코코넛가루를 입힌 오스트레일리아의 전통 케이크

고기 파이

캥거루 스테이크

달맞이꽃유

빌리 티 '빌리'라는 큰 찜통에 끓여 마시는 차

댐퍼 빵 소다로 반죽한 오스트레일리아의 전통 빵

안작 쿠키 오트밀과 버터로 만든 쿠키로, 전쟁 때 먹은 비상식량에서 유래

베지마이트 채소즙으로 만든 스프레드인데 우리나라의 김치처럼 건강식으로 여겨

오트밀 귀리를 볶은 다음 거칠게 부수거나 납작하게 누른 것

스터비쿨러 음료수를 시원하게 보관해 주는 오스트레일리아의 발명품

뉴질랜드 Hello! [헬로]
오세아니아

- **수도** 웰링턴
- **언어** 영어, 마오리어
- **면적** 267,710제곱킬로미터
- **인구** 약 478만 명
- **시차** 우리나라보다 3시간 빠름.

카카오 프렌즈와 뉴질랜드로 GOGO!

뉴질랜드는 오스트레일리아 남동쪽에 있는 섬나라야. 두 개의 큰 섬인 북섬과 남섬에 인구 대부분이 모여 살아.

곳곳에 깨끗한 호수, 화산, 빙하, 온천 같은 대자연을 만날 수 있어. 영화 〈반지의 제왕〉을 뉴질랜드에서 촬영한 건 알지?

주로 영국, 네덜란드 독일 등 유럽에서 이주한 사람들과 원주민인 마오리족으로 이루어진 나라야.

국토의 절반 이상이 목초지일 만큼 목축업이 발달해 있고 '세계 최대의 목장'으로 불러.

남반구에 있어서 계절은 우리나라와 반대지만, 날씨는 1년 내내 온화한 편이야.

#로터루아의 간헐천에서

지도 설명

케이트 셰퍼드 - 뉴질랜드의 여성 해방 운동가

에드먼드 힐러리 - 세계 최초로 에베레스트산을 오른 뉴질랜드의 탐험가

어니스트 러더퍼드 - 원자핵을 발견한 뉴질랜드의 물리학자

아피라나 응가타 - 마오리족의 정치가, 문화적 지도자

마타마타 호빗 마을

남십자성 - 남반구에서만 보이는 별자리로 뉴질랜드 국기에도 그려져 있음.

화이트섬 - 지금도 활동 중인 3개의 활화산으로 이루어진 섬

포후투카와 - 12월에 꽃이 피어 '크리스마스 트리'라고 불림

카우리소나무 - 북쪽 카우리 숲에서 많이 볼 수 있는 나무

누하카

로터루아의 간헐천 - 일정하게 물이 증기를 뿜는 온천 관광지

투이 - 뉴질랜드에서만 볼 수 있는 새

네이피어

양모

와이오모 동굴

왕가누이

통가리로 국립공원 - 아름다운 자연과 마오리족의 역사가 어우러진 세계 최초의 복합 문화유산

와이리오 국립공원

타우포호수

드라이빙 크리크 철도 - 파오아 목재 운반에 사용한 미니 철도로 지금은 관광용 열차로 쓰임.

티리티리마탕기섬 - 키위, 타카헤 희귀 새들이 사는 보호구역

오클랜드

와이탕기 조약 기념관 - 영국 왕실 대표와 마오리족 사이에 맺은 조약을 기념하는 곳

스카이타워 - 높이 328미터로 남반구에서 가장 높은 전망탑

홀리 트리니티 교회 - 마오리족과 서양식 건축양식이 조화를 이룬 건물

오클랜드 전쟁기념박물관

이든 파크 - 1900년대에 세워진 럭비, 크리켓 경기장

레잉아곶 - 마오리족이 성스럽게 여기는 뉴질랜드 북서쪽 끝에 있는 땅

포이

파시피카 축제 - 매년 3월 뉴질랜드, 하와이, 통가, 투발루 등 태평양 섬나라들의 문화를 체험할 수 있는 축제

집라인

조빙

쉬인 - 자전거처럼 페달을 밟아 움직이는 교통수단

에필로그

앵무새들이 섭외한 비밀요원이 누군지 궁금하니? 그렇다면 앞으로 돌아가 지도마다 스마트 워치를 차고 있는 사람을 찾아봐!

세계의 국기 ♪

아시아

네팔	대한민국	동티모르	라오스	레바논

말레이시아	몰디브	몽골	미얀마	바레인	방글라데시

베트남, 부탄, 북한,
브루나이, 사우디아라비아, 스리랑카

시리아, 싱가포르, 아랍 에미리트, 아르메니아, 아제르바이잔,
아프가니스탄

예멘, 오만, 요르단, 우즈베키스탄, 이라크, 이란

이스라엘, 인도, 인도네시아, 일본, 조지아, 중국

카자흐스탄, 카타르, 캄보디아, 쿠웨이트, 키르기스스탄, 키프로스

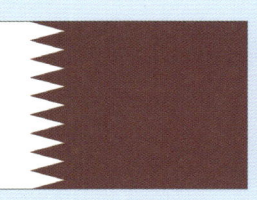    
타이, 타지키스탄, 투르크메니스탄, 튀르키예, 파키스탄, 필리핀

유럽

그리스, 네덜란드, 노르웨이, 덴마크, 독일